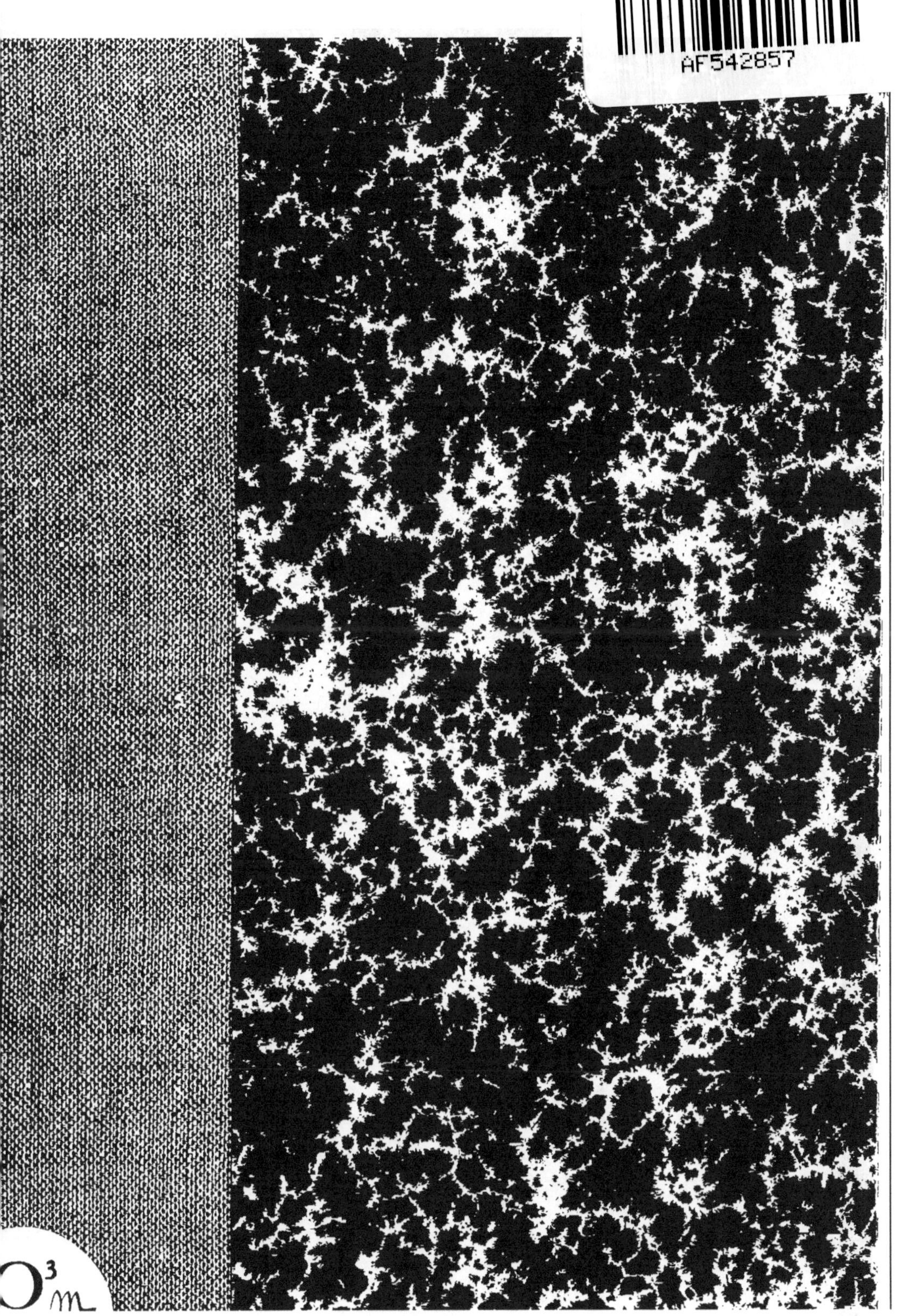

SOCIÉTÉ BELGE DES INGÉNIEURS ET DES INDUSTRIELS

LES RÉGIONS VOISINES DE LA FRONTIÈRE ORIENTALE DU CONGO BELGE DU TANGANYKA AU LAC ALBERT

D'APRÈS

les travaux des missions cartographiques et géodésiques belges.

CONFÉRENCE

Faite à la Société, le Mercredi 10 Janvier 1912

PAR

M. J. MAURY
Capitaine du génie de réserve,
Chef de division au Ministère des Colonies.

BRUXELLES
IMPRIMERIE F. VAN BUGGENHOUDT
5 ET 7, RUE DU MARTEAU
—
1912

SOCIÉTÉ BELGE DES INGÉNIEURS ET DES INDUSTRIELS

LES RÉGIONS VOISINES

DE LA

FRONTIÈRE ORIENTALE DU CONGO BELGE

DU TANGANYKA AU LAC ALBERT

D'APRÈS

les travaux des missions cartographiques et géodésiques belges.

CONFÉRENCE

Faite à la Société, le Mercredi 10 Janvier 1912

PAR

M. J. MAURY

Capitaine du génie de réserve,
Chef de division au Ministère des Colonies.

BRUXELLES
IMPRIMERIE F. VAN BUGGENHOUDT
5 ET 7, RUE DU MARTEAU

1912

TABLE DES MATIÈRES

ANNEXES

Résultats des triangulations exécutées sur la frontière orientale du Congo belge.

LES RÉGIONS VOISINES

DE LA

FRONTIÈRE ORIENTALE DU CONGO BELGE, DU TANGANYKA AU LAC ALBERT

d'après les travaux des missions cartographiques et géodésiques belges.

Dans le courant du mois de juin de l'an dernier s'est terminé un long conflit, heureusement resté dans le domaine des discussions diplomatiques, conflit qui s'éleva dès 1900 à propos des territoires voisins de la frontière orientale de notre Congo. Aprement disputées entre la Belgique, l'Allemagne et l'Angleterre, ces régions ont vu se succéder de nombreuses missions cartographiques. On y a même mesuré en 1908 un arc de méridien de 2°.

Ayant eu l'honneur de faire partie d'un certain nombre de ces missions, j'ai reçu la tâche de décrire le pays que nous avons parcouru et de résumer les travaux cartographiques que nous avons terminés récemment.

La frontière orientale du Congo, comprise entre le nord du lac Tanganyka et le nord du lac Albert, est jalonnée par des accidents naturels.

Du Tanganyka, elle remonte la petite Ruzizi, branche occidentale du Delta, puis la Ruzizi jusqu'au lac Kivu. Elle décrit dans ce lac une courbe laissant à la Belgique la grande île de Kuidjui, pour aboutir en un point de la rive septentrionale, situé à égale distance entre les postes belge et allemand de Goma et de Kissegnies. De là, elle est jalonnée par une ligne de 22 bornes jusqu'au sommet du volcan Karisimbi, du groupe des Virunga. Puis, elle suit la crête des volcans Virunga jusqu'au sommet du Sabinio, point commun aux trois colonies : belge, allemande et anglaise.

Au nord du Sabinio, elle se dirige, jalonnée par des ruisseaux et des crêtes secondaires presque en ligne droite sur le mont Ngabua, haute montagne très visible, d'où elle gagne le lac Edouard par la rivière Ishasha.

Une ligne droite de l'embouchure de l'Ishasha à celle de la Lubiliha, rivière assez importante qui descend des hauteurs du Ruwenzori et passe à l'est du poste belge de *Kasindi*, sépare en deux les eaux du lac Edouard.

La limite remonte ensuite la Lubiliha jusqu'aux grands pics du massif dont elle suit la crête jusqu'à proximité de la source de la Lamia, affluent de droite de la Semliki.

Elle descend alors cette rivière, puis la Semliki jusqu'au lac Albert. Une ligne à peu près à égale distance des rives la constitue à la surface du lac jusqu'au parallèle sud de l'enclave de Mahagi, territoire cédé à bail à la colonie par le Soudan égyptien.

Ainsi tracée, la frontière suit d'assez près l'axe d'une immense fracture naturelle, à laquelle les géographes allemands ont donné le nom de « Graben centr'africain » et que les Anglais désignent sous la dénomination de vallée « Albertine » du nom du lac Albert.

Cette vallée d'affaissement fait partie d'un système orographique qui caractérise la région des Grands Lacs africains.

Comprise entre le 28me et le 36me E. G., la région des Grands Lacs est limitée par deux grandes fractures de l'écorce du globe d'une étendue considérable, courant à peu près dans la direction N.-S., qui possèdent une origine commune, au nord du lac Nyassa, entre 9° et 10° S.

La vallée orientale, le « Rift », aboutit au travers des steppes Masaï, au sud du lac Rodolphe, où elle se divise en deux. L'une des branches forme le lac et s'étale au nord de celui-ci jusqu'au pied des plateaux d'Abyssinie ; l'autre, longe ces plateaux à l'est et rejoint au nord du détroit de Bab-el-Mandeb, la fosse de la mer Rouge ; au nord de celle-ci, elle se divise encore en deux : la branche ouest forme le golfe de Suez, l'autre le golfe d'Akaba prolongé par la vallée du Jourdain.

De nombreux lacs, dont le dessèchement progressif est flagrant, garnissent ce fond : les lacs Manyara, Natron, Naivasha,

Elmenteita, Nakuru, Hammington, Baringo et Rodolphe, puis les lacs d'Abyssinie (1).

L'autre fracture, qui nous intéresse plus particulièrement, reste comprise entre le 28me et le 30me degré E. G., elle est jalonnée par le Tanganyka, le Kivu, le lac Edouard, le lac Albert, et elle s'élargit au nord pour former la vallée du Nil.

Entre les deux fractures des affaissements s'étendent en surface : celui du lac Chioga, celui du Victoria, et le bassin du Malagrasi, grand affluent du Tanganyka.

A l'est et à l'ouest des vallées d'affaissements, des chaînes de montagnes parallèles descendant vers la plaine du Congo, et les affaissements centraux pour la vallée occidentale, vers ces affaissements et l'océan Indien pour la fracture orientale.

De grands volcans rangés en cercle autour du lac Victoria : le Kilimandjaro, le Kénia, l'Elgon, les Virunga, ainsi que la chaîne du Ruwenzori sont les phénomènes orographiques de cette région privilégiée qui en font une des plus curieuses de l'Afrique. Trois de ces montagnes, le Kénia, le Kilimandjaro et le Ruwenzori, sont couvertes de neiges éternelles et dépassent 5.000 mètres en altitude.

Nous décrirons maintenant en détail, les parties les plus intéressantes du Graben centr'africain qu'il nous a été permis de visiter.

Le lac Tanganyka.

Vu du delta de la Ruzizi, le lac Tanganyka se présente sous l'aspect d'un immense couloir entre de hautes murailles de rochers à pic, large d'une cinquantaine de kilomètres, et long de 640 kilomètres, du delta de la Ruzizi jusqu'au fond de la baie de Kituta.

La rive ouest entre Uvira et Baraka est particulièrement élevée, plusieurs de ses pics dominent la nappe du lac de 1.200 à 1.300 mètres.

Droit au sud apparaît la masse noire de la presqu'île d'Ubwari que la courbure de la surface du lac fait paraître comme une île.

(1) Voir en annexe la carte schématique de la région des Grands Lacs.

La rive Est est moins élevée, et la paroi rocheuse un peu moins abrupte. Les deux murailles sont creusées de nombreuses crevasses en forme de V par où s'écoulent des torrents.

L'eau du lac possède une teinte bleue caractéristique que l'on remarque surtout quand la surface est agitée par le vent et couverte de vagues couronnées d'écume.

L'altitude du lac est encore actuellement indéterminée; les détermination barométriques qui y ont été faites sont peu concordantes et offrent une marge de 100 mètres entre les observations de Reichard qui donnent 780 mètres et celles de Baumann : 880 mètres. M. Lancaster donne 854 mètres comme résultat de 222 observations. En réalité, l'indétermination est complète.

Le niveau du lac est d'ailleurs assez variable; et des observations d'étiage donneraient des indications précieuses au point de vue des mouvements du fond.

Il est facile de se rendre compte au premier aspect que le lac a atteint autrefois un niveau beaucoup plus élevé. Le bord actuel est en effet séparé très souvent du pied des montagnes par une longue bande de terrain en pente douce qui se termine près du lac par une plage de sable. Dans cette terrasse, les torrents ont creusé des lits profonds encombrés de rochers et de cailloux roulés.

On y rencontre surtout des gneiss à mica blanc, des micaschistes, et beaucoup de ces galets renferment des grenats d'assez gros échantillon.

Vers le sud, les Pères Blancs exploitent un calcaire bleuâtre à cassure conchoïdale, qui paraît d'origine corallienne, et sur de nombreuses plages, les eaux déposent un ciment qui agglomère les cailloux roulés pour en former une espèce de béton.

Les bords du Tanganyka, autrefois très populeux, ont été dans ces dernières années fortement atteints par la maladie du sommeil. Sur la rive ouest, deux races bien distinctes, les *Wabembé*, au sud-ouest d'Uvira qui se divisent en deux catégories, les *Wabembé du lac* et les *Wabembé des montagnes*, puis à hauteur et à l'ouest du poste d'Uvira, la petite peuplade industrieuse des *Warira*. Tous de sang bantu.

Au nord du lac et au nord-est, les *Warundi*, race remarquable de Bantu orientaux ayant subi l'influence des Sémites, comme le montre leur haute taille et leurs traits allongés.

Les riverains vivent pour la plupart de *pêche*, le lac étant très poissonneux, et ils la pratiquent souvent la nuit. Il n'est pas rare de voir pendant les belles nuits de la saison des pluies, le lac parsemé de points brillants formés par les feux que les pêcheurs placent à l'avant de leurs pirogues. Les produits de la pêche s'échangent dans de grands marchés, comme celui de Kajaga (territoire allemand), contre les produits venant de l'intérieur, ou contre le sel du Malagrasi, que les dows arabes amènent d'Ujiji.

Les *Wavira* sont peu pêcheurs, ce sont plutôt d'habiles forgerons. Ils fabriquent également des poteries de toutes formes, imitant même les objets européens, ainsi que des étoffes tissées à l'aide de métiers tout à fait primitifs.

La *faune* du Tanganyka présente un caractère tout spécial, certains naturalistes la comparent à celle de l'époque jurassique. En certains endroits le lac rejette de nombreuses écailles de grandes moules que les Européens, imitant les Arabes, emploient pour fabriquer de la chaux.

Les crocodiles sont assez nombreux à l'embouchure des rivières; ceux de la Ruzizi sont remarquablement grands et atteignent 5 à 7 mètres de long. Ils sont bien connus des indigènes qui s'en méfient.

Malgré l'avantage que pourrait présenter pour les transports cette longue nappe d'eau, la navigation ne s'est guère développée sur le Tanganyka. Un petit vapeur à fond plat : le « Delcommune » appartenant au C. S. K., quelques petits vapeurs allemands reliant les postes d'Ujiji et d'Usumbura forment toute la flottille européenne qui fréquente le nord du lac. Ce fait doit être attribué à plusieurs causes : d'abord la difficulté d'accès au lac, à l'abri derrière sa barrière de montagnes, au manque de ports et enfin au manque de débouchés vers le nord, ainsi que nous le verrons plus tard.

Très prochainement deux chemins de fer y aboutiront par les deux crevasses les plus praticables qui y débouchent, à Ujiji par la vallée du Malagrazi (Ujiji-Dar es Salam) et par la vallée de la Lukuga (ch. de f. des Grands Lacs).

La plaine de la Ruzizi.

Du parallèle 2° 30' S., au nord du Tanganyka, s'étend la plaine de la basse Ruzizi, resserrée, comme le lac lui même, entre les murailles du Graben.

Au nord de 2° 30', une digue naturelle semble réunir les deux parois rocheuses. La rivière en sort par une fente étroite au milieu de rapides furieux qui la couvrent d'écume.

Deux éperons se détachent des flancs du Graben, l'un du flanc oriental vers le mont *Suria*, l'autre du flanc occidental, formant le mont *Tshamata*.

Au sud de la digue naturelle, la vallée semble se prolonger en faisant un détour vers l'est, par la vallée de la Lufira, pour se perdre dans des fonds marécageux à l'est du poste d'Ishangi (lac Kivu) en communication également avec le lac Kivu.

La *Ruzizi*, guéable en certains endroits au nord du mont Tshamata, reçoit à l'est et à l'ouest d'importants affluents, dont les sources se trouvent vers les sommets boisés de la crête Congo-Nil (forêt du Ruanda) et du Lualaba-Tanganyka.

Au sud du mont Tshamata, son cours se ralentit et elle décrit de nombreux méandres dans une plaine basse encombrée de marécages, où pullulent les moustiques.

De nombreux bras morts, conséquences de la loi des méandres, rendent ce fond plus malsain encore.

A 10 kilomètres au nord du lac, elle se divise en deux branches qui comprennent un delta sablonneux et désert de 7 à 8 kilomètres de large. La branche la plus importante est la *grande Ruzizi*, à l'est.

Un escarpement d'une vingtaine de mètres sépare la vallée sablonneuse de la Ruzizi, d'une terrasse caillouteuse qui monte en pente douce jusqu'au pied des deux grands escarpements. Les affluents de la rivière y ont creusé des couloirs encaissés à parois droites, dans une argile mélangée de débris de quartz. Vers le pied des montagnes les cailloux augmentent en grosseur. C'est l'ancien lit du lac, vidé par un cataclysme toujours possible dans ces contrées instables.

Les quartz sont abondants et couronnent les crêtes des deux éperons de la vallée en gros blocs, on y rencontre souvent des quartz hyalin en gros cristaux.

Cette plaine renferme quelques *curiosités géologiques*, que l'on retrouve dans des conditions à peu près analogues au sud des lacs Edouard et Albert : citons d'abord d'étranges découpures faites par les eaux de ruissellement dans les falaises argileuses creusées par les torrents, phénomène analogue à celui des aiguilles de terre, découpant ces falaises en draperies d'un effet curieux. Ensuite, des sources chaudes, au

Falaises argileuses sur la route d'Uvira à Luvungi.

nord-est du mont Suria, en territoire allemand. Leur température dépasse 60°. Des sources chaudes et sulfureuses, au nord d'Uvira, près de l'ancien poste de Rubenga, des marais salins, au nord de Luvungi, au pied même de la digue du Kivu. Citons enfin quelques manifestations volcaniques auprès des sources sulfureuses de Rubenga.

La plaine de la Ruzizi est assez déserte, on y rencontre cependant quelques agglomérations de *Warundi*, entourées de haies d'euphorbes. Les indigènes sont en général de haute taille, la tête rasée, une couronne de petites tresses mêlées de perles dans la nuque, un pagne drapé ou des peaux de bêtes pour se couvrir.

Comme armes, une lance très fine, et une espèce de dague joliment emmanchée et portée en bandoulière dans un fourreau de bois entouré de filigrane de cuivre jaune et rouge. Ils possèdent beaucoup de gros bétail.

La plaine de la Ruzizi forma autrefois un royaume important, désorganisé par suite de luttes intestines.

La plaine de la basse Ruzizi est couverte de roseaux et d'herbes dures. De gros bouquets de palmiers borassus se dressent au nord du delta. Sur les terrasses, une forêt d'acacias et d'épines clairsemées, mêlées d'euphorbes avec de longues clairières d'herbe courte qui convient au bétail.

Les cultures principales consistent en de grands champs de manioc. Le tabac est également très cultivé et les Warundi ont une façon toute spéciale de le consommer sous forme de poussière verdâtre mélangée d'eau, qu'ils retiennent dans le nez à l'aide de petites pinces en bois.

Le climat de la vallée de la Ruzizi est assez malsain, les moustiques y abondent et la température y est assez élevée.

L'Urundi.

A l'est de la vallée de la Ruzizi, entre la crête Congo-Nil couronnée par la forêt du Ruanda et la cassure orientale du Graben, s'étend une région très découpée et très sauvage. Pénible à parcourir, elle est creusée par des gorges étroites, des vallées à pentes très raides et très glissantes. Les affluents de la Ruzizi en sortent par de véritables portes, qu'ils traversent par une série de rapides. Les roches y sont surtout formées de gneiss et de quartzites souvent apparentes sous forme de hautes murailles à pic, de micaschiste, qui donne une argile rouge micacée très glissante rendant la marche très pénible par la pluie.

Les sommets de 1.700 à 1.800 mètres ne sont pas rares et les hauteurs boisées de la crête Congo-Nil dépassent 2.000 mètres. Les habitants, assez farouches, comme tous les montagnards, sont très clairsemés. Déjà parmi eux se montrent quelques Watusi, transfuges du Ruanda, qui possèdent de beaux troupeaux.

La digue du Sud-Kivu.

Comme nous l'avons dit, entre le sud du lac Kivu et la vallée de la basse Ruzizi, sur une largeur d'environ 30 kilomètres, s'étend une grande digue naturelle de roches primitives et éruptives, au travers du Graben. Son relief est de 700 mètres environ au-dessus du niveau de la plaine, et sa surface supérieure est vallonnée par les affluents de la Ruzizi. Vers l'est elle semble se confondre complètement avec les montagnes bordières, vers l'ouest l'escarpement est encore visible et est jalonné par de hauts sommets à surfaces arrondies.

Au sud-ouest elle est profondément creusée par la pittoresque vallée de la Luvimvi, grand affluent de la basse Ruzizi, qui vient des montagnes de l'ouest.

Elle est coupée dans une direction d'abord N.-S. puis E.-O. par une fracture à pic qui constitue la vallée de la Ruzizi. La

Vallée de la Ruzizi (Digue Sud Kivu).

rivière sort du lac par un couloir encaissé et s'engage dans une série de rapides qui couvrent sa surface d'écume pendant une dizaine de kilomètres, puis tout à coup sa largeur diminue et elle disparait sous un pont naturel de quelques mètres de large pour continuer ses bouillonnements au travers de la fracture sauvage jusqu'à la plaine que nous connaissons déjà. La digue Sud-Kivu est formée en grande partie de roches primitives : du gneiss qui apparait surtout vers les sommets, et du micaschiste, dont la décomposition donne une argile rouge très glissante. Les routes Tanganyka-Kivu, en territoires belge et allemand, l'escaladent par des raidillons taillés dans cette roche, qui sont assez pénibles à traverser. Des quartz apparaissent également le long des crêtes, ainsi que quelques schistes. Puis vers le Kivu, des tuffs volcaniques rougeâtres et à certains endroits une argile bleue très glissante.

Les habitants sont très nombreux et divisés en deux races bien distinctes par la gorge de la Ruzizi.

A l'ouest, en territoire belge, c'est l'Unyabongo, peuplé d'une race petite mais forte et courageuse, qui a résisté victorieusement aux invasions des Sémites du Ruanda.

Les W*anyabongo* occupent un très vaste territoire compris entre le lac Kivu jusqu'au sud de la presqu'île de Mabula, la Ruzizi, le bord sud de la digue, et s'étendent très loin dans les montagnes de l'ouest, probablement jusqu'aux confins de la grande forêt équatoriale. Ce sont des montagnards très-râblés et très vigoureux, dont on pourrait tirer un excellent parti à condition de ne pas les employer loin de leur pays. Ils se distinguent des Warundi et des Wanyaruanda, leurs voisins de l'est, par un petit chignon en couronne, au sommet de leur tête rasée, et par des tatouages aux tempes qui ont assez bien la forme de deux coquilles de noix. Les hommes sont vêtus de peaux de chèvre ou de vache, les femmes portent un jupon de peau, souvent très bien cousu, avec des dessins en zig-zag. Comme ornement : des colliers de perles roses, rouges et blanches superposés et des bracelets de filigrane de cuivre ou des anneaux de fibres végétales tressées qui leur servent parfois de monnaie. Comme armes : un couteau terminé par une lame en demi-cercle, longuement emmanché : le mololo.

arme terrible et outil excellent; une lance à fer effilé et un grand glaive emmanché de bois, dans un fourreau soutenu par des lanières de peau de loutre. Ils portent ordinairement cette arme dans le dos, suspendue au cou.

Les Wanyabongo possèdent beaucoup de gros bétail; ce sont d'habiles cultivateurs et ceux des bords du lac se livrent à la pêche. Ces derniers sont d'une saleté remarquable. Ils cultivent surtout les haricots, le sorgho et possèdent de grandes bananeraies. Ce sont d'habiles forgerons, ils taillent le bois d'une façon remarquable, fabriquant de jolis pots à lait et des cuillers de bois rouge ornées de dessins au feu. Ce sont également de très bons vanniers.

La faune domestique est composée de gros bétail analogue à celui du Ruanda, et provenant très probablement de ce pays; de chèvres et de moutons à grosse queue, très abondants et possédant une chair succulente. Peu ou pas de gibier.

Les parties boisées font défaut, aussi le bois à brûler est-il une marchandise très prisée sur les marchés. Le bois de construction est très rare également, il doit venir des montagnes de l'ouest, où se rencontrent également des bambous, ou de l'île Kuidji.

La digue Sud-Kivu forme un pays salubre, d'un climat vraiment européen; avec des communications plus faciles, elle serait appelée à devenir un endroit d'installation pour des colons. A l'abri de la maladie du sommeil, elle permettrait le développement de grandes fermes d'élevage de gros et de petit bétail qui pourraient écouler vers le Manyéna et probablement vers le Katanga par l'intermédiaire du Tanganyka, les vivres frais qui manquent. Elle constitue malheureusement un obstacle très difficilement franchissable aux locomotions mécaniques et diminue ainsi l'importance économique du Graben comme voie d'exploitation des contrées environnantes.

Le lac Kivu (1).

Le lac Kivu apparait au voyageur venant du sud comme une vaste inondation. Long de 100 kilomètres, large de 60, il

(1) Voir en annexe la carte du lac Kivu.

se termine à sa partie méridionale par une grande baie, qui communique avec la partie large par un couloir encombré de grandes îles; son bord ouest continue jusqu'à hauteur de la presqu'île de Mabula la digue du sud. A partir de là l'escarpement de l'ouest rejoint le lac et forme la rive occidentale qui devient très escarpée et difficilement abordable. La côte S.-E. de la presqu'île de Mabula est un véritable mur de rochers plongeant à pic dans les eaux du lac. A l'ouest de Mabula une grande baie en forme de couloir, d'où sortent des tourbillons et des tornades terribles et soudains qui font la terreur des navigateurs. Au nord, une large presqu'île très montagneuse sépare du lac une grande baie triangulaire, c'est la presqu'île de *Mbuzi*. La rive au sud de la presqu'île forme l'*Itambi*, au nord l'*Uniungu*.

Toute la rive nord du lac est formée par des bancs de laves nouvelles ou partiellement décomposées et couverte d'une végétation épineuse et rabougrie, sauf en face du fort allemand de Kissegnies où s'étend la seule plage de sable du lac. La crête Congo-Nil, jalonnée par des hauteurs en partie boisées, court à peu près parallèlement au bord oriental et à 20 kilomètres de celui-ci. Les contreforts descendent de cette crête, en pente assez douce, séparés par des vallées encaissées et leurs extrémités viennent plonger à pic dans le lac, d'une hauteur d'une cinquantaine de mètres, de sorte que l'accès à l'eau n'est possible que par le fond des vallées où coulent de petites rivières souvent encombrées de papyrus, à cours réduit par suite de la proximité de la crête.

A hauteur du parallèle de 2° la rive Est forme un golfe que les Allemands ont appelé *Golfe de Mecklembourg*, aux bords découpés comme des dentelles par de longues baies en forme de couloirs. Un archipel d'îles rocheuses, aux noms baroques, peuple cette baie. Au sud du golfe de Mecklembourg, les bords continuent à être déchiquetés par de longs couloirs qui atteignent parfois 12 kilomètres de long, et bordés d'îles verdoyantes, jusqu'à la grande presqu'île de Gangamanda, formidable coulée de lave qui forme sur 5 kilomètres une paroi noire, raide comme un mur. Au sud, le bord un peu moins élevé permet de voir un pays en amphithéâtre jusqu'au goulot de communication avec la baie méridionale occupée par les grandes îles de Gombo et d'Iwinza. Au milieu de la partie large du lac, sur une longeur de 40 kilomètres s'étend la masse montagneuse de l'ile de *Kuidjui*, prolongée au nord par l'archipel de Kitanga et l'ile de Wahu.

L'île Kuidjui peut être divisée au point de vue de l'orographie en deux parties bien distinctes.

La partie méridionale, d'une longueur d'environ 20 kilomètres et d'une largeur maxima de 10 à 12 kilomètres, a une forme générale elliptique; elle est, de loin, la plus importante.

Elle est caractérisée par une chaîne de hauteurs dont la crête court parallèlement à son bord oriental à 1 ou 2 kilomètres de ce bord.

Le point culminant de la crête, situé au N.-E. de la partie méridionale de l'ile, a une altitude de 2.280 mètres ; le niveau du lac étant de 1.460 mètres, le relief maximum de l'ile est donc de 820 mètres au dessus des eaux.

Le versant oriental de la chaine plonge à pic dans le lac; aussi, à part quelques fonds de baies vers le sud et quelques minimes plages sans dégagements, ce rivage est-il inabordable.

Le versant ouest, au contraire, descend en pente douce jusqu'à une vingtaine de mètres au-dessus du niveau du lac, où il plonge alors par un brusque changement de pente. Comme sur les rives est et ouest du lac, l'accès n'est guère possible que par les vallées des ruisseaux.

Des vallées d'érosion, presque toutes parallèles à la direction N.-E. — S.-O., y ont été creusées par les eaux. — Vue du sud-ouest, l'ile se présente en un vaste amphithéâtre dont l'arête orientale forme le fond.

Au point de vue de l'hydrographie, le versant est, comme la côte ouest du lac, ne présente que quelques torrents qui forment des cascades dans les fentes des rochers.

Le versant ouest est creusé par des rivières relativement importantes roulant des eaux très pures qui proviennent de la crête orientale.

Une « grande forêt », à végétation tropicale, occupe la partie centrale de l'ile, qu'elle sépare en deux parties.

Sur le versant oriental apparaissent au milieu de la muraille de rochers, des escarpements jaunâtres formés de lave.

La partie septentrionale, plus étroite que la précédente (5 à 6 kilomètres en moyenne) est constituée par deux ou trois crêtes parallèles ayant une direction générale S.-O. — N.-E., d'altitude moins élevée que celle de la partie sud. A l'extrême nord, une presqu'île rocailleuse se rattache à l'île par une mince bande de terre. La baie qui baigne cet isthme à l'ouest forme un port de refuge excellent, à l'abri des tempêtes nombreuses et violentes qui règnent sur cette partie du lac.

Une particularité très remarquable du Kivu est fournie par un liséré blanc qui borde le lac, produit par un enduit calcareux déposé par les eaux. C'est là un témoin excellent des variations de la surface des eaux.

Les manifestations volcaniques sont très importantes et très nombreuses. Nous citerons la grande coulée de Gangamanda, les tuffs nombreux sur toute la rive orientale, les coulées de Kuidjui, les sources chaudes des environs du mont Kavi et de Kissegnies (port allemand).

Rive nord du lac Kivu et volcan Kirunga Tsha Nina Gongo.

Elles sont particulièrement nombreuses vers le nord; dans la presqu'ile de Mbuzi, et sur toute la rive septentrionale qui n'est qu'un vaste quai formé par la lave. Quelques îles ne sont que des cratères inondés comme l'île de Kegera, au nord de Mbuzi.

Au point de vue *ethnographique*, on peut diviser les bords du Kivu en quatre grandes parties :

1° L'Unyabungu, jusqu'au sud de Mabula;

2° Le pays des Wahunde, comprenant l'Itambi, l'Unyungu, la presqu'ile de Mbuzi;

3° Au nord du lac : le Kameronse, le Bihaye et le Bugoye;

4° Le Ruanda, qui comporte toute la partie orientale jusqu'aux confins de la digue Sud-Kivu.

De nombreuses îles également sont habitées.

Le *Ruanda* est de beaucoup le plus important. Il est vraiment caractéristique parmi tous les pays qui l'entourent, autant par sa population que par ses richesses naturelles. Il constitue un grand royaume organisé sous un régime féodal. Trois races d'origines différentes y vivent sans se mélanger, formant trois castes bien distinctes. La première et la plus élevée, la noblesse, est constituée par une race remarquable, originaire des plateaux d'Abyssinie, longtemps nomade et conquérante fixée actuellement dans ces parages, ce sont les *Watusi*. De taille très haute, ils atteignent parfois 2m15, le visage allongé, la tête rasée à l'exception de deux lignes de cheveux diagonales qu'ils redressent en forme de crêtes, le pagne drapé, ils ont un aspect tout à fait caractéristique, une allure souvent imposante, qui les distingue immédiatement de leur entourage. Eux seuls possèdent les grands troupeaux de bétail qui paissent partout sur le flancs des contreforts. Ils paient au roi, tribut en nature, et reçoivent de lui du bétail à garder et des fiefs qu'ils administrent aux dépens de leurs occupants.

La deuxième classe est formée par une population de race bantu, ce sont les agriculteurs, dont les huttes sont semées autour de la résidence du Mtusi, comme les serfs d'autrefois peuplaient les abords du château de leur seigneur. Ils possèdent du petit bétail, chèvres et moutons à grosses queues, très abondants. Ces gens portent le nom de *Wahutu*.

Au troisième rang de l'échelle sociale, se trouvent les *Batua*, population naine, vivant principalement de chasse, clairsemée dans les forêts de la crête Congo-Nil et de Kuidjui et jusque sur les volcans Virunga, restes probables des anciennes populations autochtones, ils échappent à toute contrainte et vivent en véritables sauvages.

Quelques Watusi rebelles habitent à Kuidjui s'y soustrayant à la domination du roi Mzinga. Le reste de l'ile est peuplé surtout par les indigènes de la rive occidentale : *Wangabongo* dans le sud-ouest, *Wahunde* dans le nord, quelques *Batua* dans la forêt.

Le *Bugoye*, région située au nord et au nord-est de Kissegnies, le long de la vallée de la Sebeya, est une province tributaire du Ruanda. Les *Wahutu*, qui la peuplent, y sont en grande majorité, ils tolèrent simplement les Watusi protégés par le gouvernement allemand. La population est remarquablement dense, et l'on peut dire que ce pays constitue une des parties les plus peuplées de l'Afrique.

Le Bihaye ressemble beaucoup au Bugoye, mais ses populations proviennent de l'ouest, principalement du Kameronse d'où elles ont été chassées par les Wahunde.

Le Kameronse est presque désert, seuls quelques cratères formant clairières dans la forêt rabougrie qui pousse sur la lave décomposée abritent quelques rares indigènes.

Enfin, l'Itambi, l'Unyungu et la presqu'ile de Mbuzi sont habités par une race venue du nord-ouest, les Wahunde qui, au sud de Bobandana portent le nom de Watembo, gens pillards et batailleurs, anthropophages à leurs heures, et peu commodes à manier. Ils habitent un pays très difficile; vers le nord-ouest ils se groupent en villages fortifiés perchés sur les sommets des montagnes.

Ils portent une coiffure analogue à celle des Watusi.

Avant l'arrivée des blancs ils se livraient à de multiples incursions dans la Kameronse, qu'ils ont presque complètement dévasté. Ils poussèrent également vers le nord de Kuidjui, et même jusqu'aux grandes iles de Gombo et d'Iwinza.

La pêche est peu pratiquée au lac Kivu, cela est dû probablement au manque d'embarcations causé par l'éloignement des forêts. Les habitants de Kuidjui s'y livrent cependant, ainsi que les Wanyabongo du sud-ouest et des îles. Les indigènes vivent plutôt de leurs troupeaux nombreux et des produits du sol, dont les principaux sont : le haricot, la banane et le sorgho.

Ils consomment le lait de leur bétail surtout sous forme de lait caillé et de beurre. Les habitants du Ruanda sont d'habiles vanniers; ils fabriquent des pots en bois creux pour la conservation du lait, ainsi que de petits sacs en fibres végétales filochées, garnis de lanières de peau de loutre remarquablement jolis. Ces sacs servent au transport des ustensiles à faire du feu et des nécessaires à fumer.

Le Ruanda est remarquable par la façon dont les chemins sont tracés, à flanc de coteau, chevauchant les cols jalonnés par de gros ficus. Il est souvent imprudent de s'en écarter. Ce fait est dû probablement aux relations continuelles existant entre les provinces du royaume et la capitale pour le paiement des impôts en nature.

Il n'est pas rare de rencontrer quelque grand Mtusi se rendant chez le roi Mzinga; transporté dans un long panier par quelques esclaves Wahutu et suivi d'une longue caravane et de quelques têtes de bétail. Un boy les accompagne, porteur d'une espèce de harpe formée de cordes tendues sur un vaisseau en bois creux. Les chants des indigènes du Kivu sont remarquables et se distinguent complètement des chants que l'on entend ordinairement en Afrique.

La faune du Kivu est singulièrement réduite, le gros gibier n'y existe pas. On n'y signale comme antilopes que quelques buschboks qui vivent dans la petite île de Wohu, apportés probablement par quelque chef Mtusi. Dans les forêts, des singes colubus, noirs et blancs, à Kuidjui surtout et le cercopithèque de Kant, qui ressemble beaucoup à celui de Brazza, et dont le pelage est d'un roux ardent à l'époque de la saison sèche. De nombreuses chauves-souris viennent le soir voleter en troupes autour des campements. Les hippopotames sont presque inconnus, à peine en a-t-on vu vers les sources chaudes de l'ouest, égarés probablement des affluents du Congo. Le crocodile est totalement inconnu. Les oiseaux aquatiques sont assez rares également ; le plus abondant est la grue couronnée qui vit en troupes nombreuses. Quelques grues et canards et de temps en temps une petite aigrette à crosse.

Les montagnes sont couvertes d'une herbe courte, dans les fonds et au nord vers le pied des montagnes du Buhonde, l'herbe à éléphants. Beaucoup de haies vives au bord des chemins et des bouquets de dracenia et de ricin près des agglomérations. Souvent vers les parties élevées de gros arbres en bouquet, sorte de ficus considérés comme sacrés par les indigènes.

Le climat des bords du Kivu est tout à fait favorable au séjour des Européens, et le pays serait vraiment idéal pour la civilisation si sa nature même n'y créait de grandes difficultés pour les communications. L'île Kuijdui est un site idéal pour la construction d'un sanatorium ; jouissant d'un climat marin, présentant de hautes altitudes, son sol fertile peut produire tous les légumes d'Europe. Il est d'ailleurs connu de tous ceux qui ont séjourné au Kivu, qu'on peut très bien s'y passer presque complètement de vivres d'Europe. Comme séjour, c'est le pays idéal, où la nature s'est plu à rassembler comme à plaisir des beautés naturelles d'une grandeur impressionnante. Le spectacle qu'offre le lac, vu du sud-est, par exemple, est certainement merveilleux ; une nappe argentée, découpée par des bords en dentelles, de longs contreforts qui se recroisent et s'estompent en s'éloignant, la masse formidable, couronnée de forêt de Kuidjui, puis au nord les monstrueuses silhouettes des grands volcans, huit formidables cônes tronqués qui se succèdent. Appliquez là-dessus, les tons que le soleil d'Afrique sait ménager à volonté, et vous aurez un spectacle vraiment unique au monde. Ajoutez à cela les mille bruits qui vous entourent, les clapotis du lac, le chant des bergers, les bruits joyeux qui sortent des bananeraies, et qui créent autour de vous une atmosphère de joie, et vous comprendrez que l'esprit le plus rebelle, éprouve à évoquer ces pays un sentiment de regret et presque de nostalgie. Mais il est temps de quitter le Kivu sur lequel nous nous sommes peut-être un peu longuement et partialement appesanti, pour gagner la région des Virunga.

La région des grands volcans.

On donne le nom de Virunga à une chaîne de huit grands volcans rangés dans une direction de E.-S.-E. — O.-N.-O, qui forment au travers du Graben un formidable barrage.

Ces volcans sont rassemblés en trois groupes : Le groupe oriental comprend trois grands cratères rangés suivant un parallèle et distants respectivement de 4 et de 6 kilomètres. Ce sont :

Le *Muharura*, haut de 4.127 mètres;

Le *Mgahinga*, haut de 3.474 mètres, et

Le *Sabinio*, découpé en crémaillère, dont la dent la plus haute, point commun aux trois frontières, atteint 3.650 mètres.

Le groupe central formé par trois volcans en triangle, comprend les sommets les plus hauts de la chaîne :

Le *Vissoke*, 3.710 mètres;

Le *Karissimbi*, 4.506 mètres :

Le *Mikeno*, 4.437 mètres.

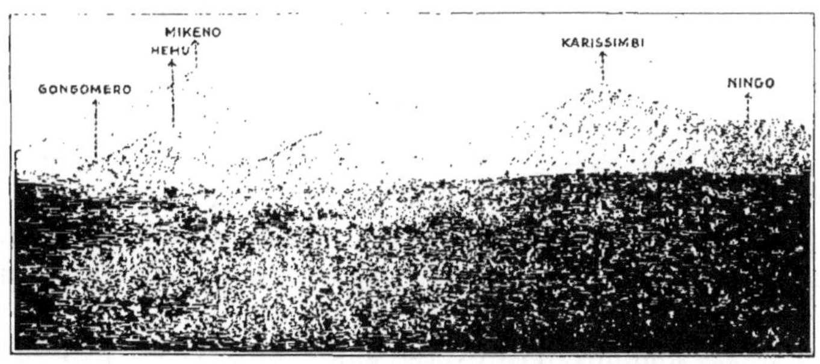

Volcans du groupe central des Virunga.

Pour le Karissimbi le cratère se trouve à un peu plus de 500 mètres en dessous du point culminant, et sa largeur est de 1 kilomètres. Le cratère est double, et les Allemands ont appelé celui de l'est, cratère de Branca; celui de l'ouest, cratère de Hans Meyer. La pointe conique du volcan porte le nom de pointe Barthélemy, du nom du père supérieur de la mission du Bugoye, qui le premier réussit à atteindre ce sommet.

Les deux groupes sont réunis par une chaîne de petits cratères dont l'altitude dépasse 2.000 mètres.

Le groupe occidental ne renferme que deux grands volcans distants de 5 kilomètres environ.

Le *Tshaniha Gongo*, 3.469 mètres, volcan actif encore en ces dernières années, dont le cratère a 1 kilomètre de diamètre. Il possède au nord et au sud deux cratères adventifs assez importants.

Le *Nyamlagira*, 3.056 mètres, dont la dernière éruption date de 1907. Son cratère, assez plat, a 2 kilomètres de diamètre. Ce sont les deux seuls grands volcans qui présentent des signes d'activité, et l'on peut dire que celle du Tshanina-Gongo a fortement diminué dans ces dernières années.

Les autres cratères sont ou écroulés comme ceux du Mikeno ou du Sabinio, dont l'aspect est tout à fait étrange et dont les sommets sont inaccessibles, ou encore envahis par la végétation ou l'eau, tel est le cas pour le Muhavura et le Karissimbi.

Outre ces huit grands volcans, la région environnante est parsemée de nombreux cratères en plus ou moins grand état de décomposition, rangés parfois suivant des lignes de fracture bien nettes. Le dernier né est celui dit du Jubilé, qui date de 1905 et qui présente encore des fumerolles assez importantes. Il se trouve à l'est du Nyamlagira et au nord du Tshanina-Gongo, et il est remarquable par la présence de scories rouges mélangées de cristaux de sel gemme.

Certains cratères ont des formes tout à fait curieuses : un d'entre eux au nord du Muhavura présente un petit cône intérieur qui lui donne un aspect inattendu.

Toutes ces bouches ont déversé sur la contrée environnante de formidables fleuves de laves, dont la plus ou moins grande ancienneté influence d'une façon remarquable l'aspect du pays.

Les éruptions des volcans du groupe occidental, non encore décomposées, forment de grands champs de laves et de scories. D'abord nue, la lave se couvre bientôt d'une mousse blanchâtre d'aspect neigeux ; puis une végétation épineuse et rabougrie commence à pousser dans les interstices des pierres. Parfois, à l'ouest du Nyamlagira, et à l'est du Tshahina-

Gongo, par exemple, la lave se présente en larges coulées coupées par des cassures de retrait. Les coulées nouvelles ont fait dans la forêt des brèches d'une couleur gris sale ou noire. A l'ouest du Tshanina-Gongo, le pied du volcan est couvert de cendrée noirâtre sur laquelle pousse une forêt à végétation tropicale..

La décomposition plus profonde de la lave, telle qu'on la constate au pied des autres volcans, dans le Kibati, le Bihaye, le Bugoye, le Muléra et l'Ufumbiro, donne une terre arable d'une fertilité merveilleuse qui nourrit des quantités d'habitants, tandis que les cavernes des coulées de laves leur servent d'abris en cas de dang er

Le groupe occidental des volcans semble barrer à lui seul le « Graben », et former la digue des eaux du Kivu. Le Karissimbi et le Mikeno, escaladent la lèvre orientale de la faille qui se continue au nord de ce dernier par un escarpement bien marqué, que la Rutshuru traverse par une trouée encombrée de laves.

Vers le nord, entre cette crête et une autre plus haute qui contourne à l'est le Muhavura et la limite sud de ce que nous nommerons le plateau du Rukiga, les volcans de l'est ont déversé d'énormes quantités de laves qui actuellement décomposées presque partout, forment la belle région de l'Ufumbiro.

Ces éruptions formidables n'ont pas été sans amener des changements fondamentaux dans le régime hydrographique de la région qu'elles ont couverte. On peut leur attribuer sans avoir beaucoup de chance de se tromper, la formation du Kivu, dont le fond fut autrefois la vallée de la haute Rutshuru, ainsi que celle de nombreux petits lacs pittoresques qui entourent leurs pieds. Nous citerons : les lacs Tshafi, le Bolera, le Luhondo (dont le déversoir, la Mkungua, suit de près la limite des laves au sud), le lac Mutande, et vers l'ouest la région marécageuse des lacs Rukuru.

La région des volcans est caractérisée par le manque d'eau; très poreuse, la lave absorbe complètement les eaux des pluies continuelles qui arrosent ce pays. L'eau se vend sur les marchés indigènes et beaucoup de rivières qui descendent des montagnes se perdent dans les replis caverneux des coulées laviques. Il est certain que la circulation souterraine doit être formidable, car les pluies sont abondantes et durent toute l'année, aussi est-il permis de croire que le creusement de puits donnerait facilement l'eau de consommation. Actuellement les indigènes et particulièrement les pâtres Watusi utilisent des mares alimentées par la pluie, naturelles ou artificielles, parfois placées dans quelque caverne soigneusement dissimulée aux Européens.

Au point de vue *ethnographique*, la région des volcans ne présente guère de particularités. Les forêts sont parcourues par les Batua qui y vivent de chasse. A l'ouest du Nyamlagira, une petite région, le Kishari, comprise entre les montagnes du Bubonde et les laves, est habitée par quelques Watusi rebelles à l'autorité du roi du Ruanda.

Le pied des groupes central et oriental est habité par des indigènes de même race que celle du Bugoye, originaires probablement des montagnes du Rukiga ; au nord, ils sont mêlés de quelques rares Watusi. Ceux-ci ont gardé un peu leurs habitudes nomades provenant surtout du besoin de varier la nourriture de leur bétail : ils baladent ainsi leurs troupeaux depuis les hauteurs couvertes des forêts de bambous, dont les jeunes pousses offrent une nourriture succulente aux bestiaux, jusqu'au bord nord du Kivu, où ils vont leur faire boire au cratère de Ngoma, l'eau saumâtre du lac. Au nord du Muhavura, dans la région de Kiduha, se retrouvent les traces d'une ancienne résidence du roi du Ruanda : Luabugiri, grand conquérant et grand voyageur qui parcourut le pays, du lac Edouard au sud du Kivu, où il trouva la mort. Une autre encore se trouve au sud du Sabinio. Ce sont de grandes enceintes de ficus et de dracenia qui formaient la haie entourant la résidence royale.

La faune des volcans est assez clairsemée, le gros gibier y est rare ; quelques petites antilopes. Les éléphants sont très abondants dans les forêts de l'ouest, on prétend même qu'ils forment une espèce spéciale dite éléphant de bambous, qui se remarque par la petitesse des pointes. Nous avons pu constater également la présence de lions et nos camps ont été plusieurs fois réveillés par leurs hurlements à des altitudes de plus de 2.000 mètres.

Citons encore, comme curiosités, les cercopithèques de Kant et un caméléon spécial, porteur de trois cornes, le même qui fut trouvé au Ruwenzori par Johnston.

En ce qui concerne la végétation, nous avons parlé déjà de celle qui garnit le pied des volcans : forêt d'épines ou forêt tropicale, suivant la nature du sol. Si l'on s'élève le long des flancs, la végétation change et les espèces analogues se reproduisent à des hauteurs analogues. Ainsi, à la forêt tropicale de la base succède la forêt de bambous, puis les lobélies et les seneci, ainsi qu'une espèce de bruyère arborescente; plus haut encore ce sont les immortelles blanches et les mousses qui disparaissent pour faire place à la lave nue.

Il n'existe pas de neige permanente sur les volcans. Le Karissimbi et le Mikeno, rarement le Muhavura, ont parfois leurs sommets blanchis à la suite de nuits froides et de pluies abondantes. Ces observations sont concordantes avec celles faites pour le Ruwenzori sur lequel les neiges éternelles apparaissent vers la cote 4.500 sur les sommets, tandis que dans les vallées abritées, la neige descend jusqu'à 4.000 mètres.

La présence de ces hauts pics a une grande influence sur le climat des régions voisines; la pluie y règne toute l'année et fertilise les riches campagnes de l'Ufumbiro, du Mulera et du nord Kivu. La haute altitude de la région en fait un séjour idéal pour l'Européen, et elles formeraient une région de colonisation future si les communications y étaient plus commodes.

La plaine de la Rutshuru.

Comprise entre les monts Mitongo ou Itongo à l'ouest, le bord du plateau du Rukiga jusqu'au mont Ngabua à l'est, la plaine de la basse Rutshuru apparaît comme la prolongation du Graben centr'africain, entre le nord des coulées laviques des volcans de l'ouest et le sud du lac Edouard.

La chaine des monts Itongo, continue au nord du Kivu, l'escarpement ouest de la faille. Ses sommets, parfois couverts de forêts, parfois dénudés s'élèvent à une hauteur moyenne de 2.200 mètres, et la crête elle-même qu'ils jalonnent court à peu près à 2.000 mètres d'altitude.

Le flanc oriental se présente sous la forme d'une paroi fortement ravinée, dont l'aspect rappelle les plis d'une lourde draperie de velours vert. Au nord de 1°, la chaîne s'abaisse brusquement jusqu'à 1.100 mètres et descend en pente douce jusqu'au niveau : 916 mètres, du lac Edouard, à l'ouest de Vitshumbi.

Cette crête sépare le bassin de la Rutshuru de celui de la Ruende, grande rivière qui vient des environs des lacs Rukuru vers le lac Edouard. C'est sur la rive gauche de la rivière que reparaît alors l'escarpement du Graben avec ses altitudes de 2.000 à 1.900 mètres, et ses sommets granitiques qui rejoignent la rive du lac Edouard à l'ouest de Makokoma.

Le mur oriental prolonge au nord de la sortie de la Rutshuru, un long éperon dont l'origine se trouve à la base du Mikeno et qui passe par le mont Mbuzi, haut sommet de 2.105 mètres. Il se dirige ensuite vers le mont Lutezo, nouveau sommet de 2.012 mètres, couronné de quartz blanc, au nord duquel il est de nouveau percé par la gorge de la Murungu ou Kuenda, grand affluent de la Rutshuru. Un peu déplacé vers l'est, il reprend sa direction nord-sud pour aboutir au mont Ngabua, grosse masse qui domine la plaine du lac à une altitude de 1.875 mètres. Ce côté est moins raide que l'escarpement occidental, il est également un peu moins élevé, la moyenne de la crête ne dépassant guère 1.700 à 1.800 mètres.

Le fond même de la vallée semble être l'ancien lit du lac Edouard. Il est disposé en terrasses vallonnées de natures différentes.

Une première terrasse d'une altitude de 1.200 à 1.300 mètres occupe le pied des montagnes ; elle se montre vers le poste de Rutshuru et court dans une direction sud-ouest-nord-est ; on y trouve des galets d'assez gros échantillon.

Une autre la suit à peu près parallèlement, à une distance de 8 kilomètres environ vers le point de Kamorora sur la basse Ishasha, pour reparaître également un peu au nord de la Kuenda et le long de l'éperon qui prolonge les monts Itongo. Elle est, en général, formée de gravier plus fin, mêlé de sable et d'argile. C'est dans cette terrasse que se creusent des escarpements, analogues à ceux de la vallée de la basse Ruzizi et qui ressemblent à des colonnades; ceux de la vallée de la

Construction du signal de Madji Kuenda (plaine de la Rutshuru).

Rutshuru se trouvent au pied du mont Buito. Puis des sources chaudes qui sortent au pied du mont Itongo.

La plaine basse, qui aboutit au lac, est sablonneuse et marécageuse.

La Rutshuru, sortie des montagnes par une gorge étroite où elle franchit une série de rapides, longe les plaines de laves et décrit au pied de l'escarpement ouest un coude vers le nord, elle suit le pied de l'escarpement jusqu'au mont Buito et va se jeter au lac Edouard au milieu d'un delta considérable. C'est une rivière large d'une cinquantaine de mètres, à courant très rapide, qu'il est impossible de passer à gué.

Dans son cours inférieur, à hauteur du mont Buito, elle est assez encaissée dans un ravin d'une dizaine de mètres de profondeur.

Ses affluents coulent dans des ravins analogues où ils serpentent en formant parfois des bras morts.

Il en est de même des grands affluents du lac : la Ruende,

à l'ouest; l'Ishasha et la Tungue dans leurs cours inférieurs.

Il existe également dans les terrasses, de nombreux ravins desséchés ou marécageux où vivent les habitants de cette plaine brûlante, ainsi qu'un certain nombre de mares qui servent d'abreuvoirs aux animaux sauvages.

Un peu au sud de la rivière Kuenda, plusieurs affluents importants de la Rutshuru viennent se perdre dans un grand marais assez encaissé qui semble être le reste d'un ancien lac.

Les escarpements ont la composition que nous leur connaissons déjà : micaschistes et gneiss. Quartz blanc sur les crêtes. Entre le mont Lutezo et le mont Mbuzi, des roches grenatifères.

A Ngabua, de l'oxyde de fer magnétique qui semble très riche ainsi que vers DeKo. Des tuffs volcaniques vers les sources chaudes de Buito.

La plaine est en général peu habitée. La terrasse au pied des montagnes est assez fertile et peuplée par des habitants de race analogue à celle de l'Ufumbiro et du nord Kivu.

Ceux de la plaine vivent dans les ravins, de maigres cultures, ils sont surtout très commerçants et font un grand trafic

Borne-frontière du Mont Ngabua.

de sel qu'ils vont échanger au sud du lac, contre des chèvres, des moutons et des vivres frais. Ce sel, qui provient du nord du lac Edouard, est vendu dans les environs de Rutshuru aux gens du Mulera, de l'Ufumbiro et du Kivu, et transporté par eux en plein cœur du Ruanda.

Le mont Ngabua est habité par quelques forgerons qui exploitent son minerai très riche.

En général, le pied des montagnes semble avoir été beaucoup plus habité autrefois; la contrée aurait, d'après les indigènes. été ravagée et pillée par les habitants du Ruzumbura.

Le gros bétail résiste assez mal dans la vallée de la Rutshuru, la chose est due sans doute à la présence de la tsé-tsé morsitans. La tsé-tsé palpalis existe le long de la basse Rutshuru et au lac Edouard.

La faune de la plaine de la Rutshuru est remarquablement développée, d'innombrables antilopes peuplent les broussailles ainsi que des buffles et des cochons sauvages.

Le lion, le léopard et la hyène sont particulièrement abondants et font de ce pays une région de grande chasse.

MM. Gendarme et Prittie ont signalé la présence d'un animal assez rare, dans les environs du mont Ngabua : le cochon géant de la forêt, dont les traces ressemblent à celles du rhinocéros.

La terrasse, au pied des montagnes est, en général, couverte de hautes herbes à éléphant; la terrasse moyenne, de forêts épineuses et d'herbe assez courte; la terrasse basse, d'herbe courte et de buissons en bouquets.

Le long de la basse Rutshuru, quelques palmiers; dans le haut cours de cette rivière et de ses affluents, des forêts en galeries à végétation tropicale où l'on remarque souvent des fougères arborescentes. Au sud du mont Ngabua, les confins de la forêt qui couvre une partie des hauteurs du Rukiga.

Le lac Edouard.

A hauteur du mont Ngabua, l'escarpement oriental dévie dans le sens E.-O., sur une longueur d'environ 25 kilomètres, pour prendre ensuite une direction S.-O.—N.-E. et rejoindre la rive orientale du lac George (nom nouveau et définitif du lac Ruisamba).

L'escarpement occidental continue vers le nord, longeant de très près la rive du lac; son altitude est considérable: certains sommets voisins de la rive atteignent 2.373 mètres et le point culminant s'élève à 3.114 mètres, c'est-à-dire à près de 2.200 mètres au-dessus du niveau du lac. La crête orientale est moins élevée, nous y relevons des hauteurs de 1.610 mètres, 1.627 mètres, mais l'escarpement reste bien marqué, et forme un mur de 200 à 250 mètres de haut.

Dans la partie orientale, nous retrouvons la disposition en terrasses de la plaine de la Rutshuru, la terrasse haute formée de galets se montre au sud des monts Pangango et Katerepungu, vers l'ancien poste de Shambo. La terrasse moyenne, plus étendue, continue à courir S.-O. — N.-E., en suivant à peu près la ligne Kamorora-Musambagana, endroit où elle se rapproche du lac, sa hauteur est d'une centaine de mètres au-dessus du niveau actuel du lac (108 à Musambagana), puis elle longe le lac jusqu'à Kazinga, dont l'altitude est encore de 60 mètres au-dessus du niveau de l'eau.

La partie basse est très marécageuse, les embouchures des rivières se perdent dans un fouillis inextricable d'arbustes épineux, d'ambacht et de roseaux.

Nous retrouvons ici les mêmes ravins que dans la vallée de la Rutshuru et des escarpements analogues sur les deux rives des rivières.

Le fond du lac s'étend en pente douce vers la côte occidentale à proximité de laquelle il atteint son maximum de profondeur.

Au N.-O., la sortie de la Semliki s'effectue par une vallée assez large; puis, après une rive marécageuse et un golfe avec trois petites iles, se présente l'embouchure du canal de Kazinga, long couloir de 35 kilomètres et d'une largeur de 400 à 1.000 mètres, sans courant sensible, qui réunit le lac Edouard au lac George.

Une partie remarquable de la plaine orientale est formée par la région immédiatement au sud du canal de Kazinga : Au pied du mont Kisunzu s'étend une région creusée de nombreux cratères : sept ont formé de petits lacs sans issue. Le plus grand est le lac Nyamsigeri. Cette partie est couverte de tuffs volcaniques qui s'étendent jusqu'à Kazinga. Le revers de la crête, à l'est du Bunyaruguru, est également percé de nombreux cratères inondés. Plusieurs d'entre eux ont la forme de grands puits d'une profondeur considérable; tel celui qui débouche immédiatement à l'ouest de Kisunzu. Au pied du mont Kisunzu, la plaine jusqu'aux lacs est couverte de tuffs volcaniques.

Les escarpements abrupts de Kisunzu et du sud sont formés par des quartzites.

La population de la plaine du lac Edouard est très clairsemée et distribuée en petites agglomérations séparées par de grandes distances. Les bords du lac sont habités par une population de pêcheurs qui vit parfois en villages lacustres, tel celui de Katanda. Ce mode d'habitat est surtout dû aux incursions des indigènes du Ruzumbura et aux animaux sauvages.

Vers l'ouest, l'agglomération plutôt commerçante de Vitshumbi, et les villages de Makokoma vers l'embouchure de la Ruende. A l'ouest de l'embouchure de la Semliki, encore quelques pêcheurs vers Amakoma. La partie septentrionale est presque déserte jusqu'au golfe de Katue qui renferme trois iles dont deux sont habitées. Les environs de Kazinga sont peuplées par quelques Wahima, pasteurs et commerçants en sel qui exploitent le passage du canal. Au sud de Kazinga encore quelques villages de pêcheurs.

La construction des pirogues du lac est remarquable. Elles sont formées de planches légères cousues à l'aide de fibres végétales et d'une quille assez lourde pour assurer leur stabilité. Les indigènes se servent, pour la pêche aux gros poissons, d'une longue lance à flotteur très bien équilibrée. Le séchage et le commerce du poisson du lac sont très développés. Une des grandes occupations des indigènes est aussi le commerce du sel qu'ils vont acheter à Katue, transportent au sud du lac et échangent, soit à Vitshumbi, soit au grand marché des environs de Kabali, contre des produits végétaux ou du petit bétail venu de l'intérieur.

La faune du lac est excessivement développée. Les hippopotames sont très nombreux vers le S.-E. et, en général, dans toutes les parties à bords plats et couverts de roseaux.

Le crocodile y est très rare, on ne l'aperçoit guère que vers la sortie de la Semliki.

Les oiseaux sont particulièrement nombreux : les pélicans roses et gris, les aigrettes, les spatules, les cigognes, les grues de toutes espèces, les canards, les aigles pêcheurs.

Dans les forêts épineuses de la plaine, des troupeaux de singes variés se font la chasse.

Les éléphants sont assez nombreux dans le nord, ils donnent un ivoire abondant.

Le climat est peu salubre et la température ordinairement élevée.

Du sud du lac Edouard, à *l'extrémité de la chaîne d'Itongo*, ainsi que de *l'escarpement oriental, vers le parallèle 0°40' S.*, ou encore du *sommet du mont Ngabua*, le voyageur peut jouir d'un spectacle des plus grandioses : pendant la saison des pluies, l'atmosphère garde, dans les régions tropicales, une pureté qui nous est inconnue, la vue s'étend aussi loin que l'œil peut percevoir et l'on distingue des sommets à 200 et 250 kilomètres de l'endroit où l'on se trouve.

De l'escarpement oriental, par exemple, l'on voit vers l'ouest, la formidable barrière qui borde le lac, nettement dessinée entre le ciel et la surface brillante du lac.

Vers le sud, une muraille, non moins sombre et non moins abrupte, couronnée de forêts : les crêtes du Rukiga, dominées par les silhouettes coniques des volcans du Kivu qui apparaissent comme plissés.

A l'est, une mer de montagnes; puis vers le nord, la vallée de la Semliki et l'énorme masse du Ruwenzori qui daigne parfois se dégarnir de son bonnet de nuages et montrer ses pics couronnés de neiges éternelles qui défient le soleil de l'équateur. On se fera une idée de la grandeur de ce massif, en remarquant que son sommet domine le lac Edouard de 4.200 mètres.

Les couchers de soleil dans ce cadre sont vraiment féeriques. Mais il faut, pour jouir complètement du spectacle, le voir à la saison des pluies, car, à la période sèche, des brumes cachent les montagnes à tel point qu'on peut passer à 10 ou 15 kilomètres du Ruwenzori sans s'en douter.

Le Rukiga.

A hauteur du 1er parallèle sud, compris, au nord, entre l'escarpement du Graben et le haut cours de la Tungue; au sud les plaines de laves de l'Ufumbiro; à l'est, le 30e méridien; à l'ouest, la chaîne bordière de la vallée de la Rutshuru s'étend une région que les indigènes désignent presque entièrement sous le nom de Rukiga. Elle est formée de hautes crêtes parallèles entre lesquelles sont creusées des gorges encaissées. Au nord, ce haut plateau se termine à la Tungue; du Ruzumbura, il apparaît comme un énorme mur qui se prolonge jusqu'au mont Ihunga. Toute la partie centrale est couronnée de forêts et les déplacements y sont très pénibles. L'altitude moyenne des crêtes est de 2.000 mètres, pour atteindre souvent 2.200 à 2.400 mètres. C'est la région des sources de la Rutshuru et de ses affluents, celle du lac Ngezi ou Bugnoni, long couloir rocheux rempli d'eau, semé d'îles rondes et bordé d'une lisière claire de papyrus: et l'origine d'un grand nombre de rivières qui coulent vers le Kagera et la Nya Varongo. Son hydrographie est excessivement enchevêtrée ; les longs couloirs marécageux ont parfois deux issues qui coulent en sens inverse, des coulées laviques ont changé la direction des rivières, leur faisant suivre des directions trompeuses qui déroutent les cartographes. Aussi, la topographie de cette partie est-elle restée longtemps indécise, elle est aujourd'hui débrouillée, grâce aux travaux récemment accomplis.

Les habitants de ces régions farouches sont voleurs et bandits; souvent, nos caravanes ont souffert de leurs rapines et plus d'un de nos porteurs a été frappé traîtreusement par derrière.

Ils n'hésitent pas à faire de longues incursions pour voler le bétail ou les charges des caravanes. Leur coiffure est remarquable et formée de nombreuses petites tresses graissées et enduites d'ocre rouge.

Dans le voisinage de l'Ufumbiro, les habitants sont de race analogue à celle de ce pays et quelques watusi sont établis dans les montagnes, à l'est du poste de Rutshuru.

Le gros bétail est assez abondant. La faune sauvage est peu remarquable. La flore montre quelques caractéristiques spéciales. Les fougères arborescentes apparaissent en grande quantité le long de la haute Rutshuru; les flancs abrupts des gorges sont également souvent couverts de fougères. Dans la partie sud-ouest de la région, à laquelle ne s'applique pas exactement le nom de Rukiga, le bois à brûler et le bois de construction font défaut.

Entre l'Ufumbiro et le mont Ihunga, les fleurs sont remarquablement abondantes. Les lobélies jaunes et orangées, les chardons et les acanthes violettes et, vers le lac Bugnoni, de grandes marguerites jaunes qui couvrent les flancs des montagnes.

Traversée par la route qui joint le grand poste anglais de Mbarara à l'Ufumbiro et au lac Kivu, cette région forme, par sa nature même, un obstacle considérable.

Il n'est guère possible d'y créer de chemin commode sans s'exposer à allonger démesurément les trajets par des détours inévitables. Aussi peut-on dire que nos relations avec les territoires anglais de ce côté seront toujours difficiles et qu'il faudra tourner le Rukiga par le nord, si l'on veut unir le lac Kivu au lac Victoria.

L'Ankole.

Au nord du Rukiga, jusqu'à l'escarpement oriental du Graben, s'étend le pays que les Anglais appellent, par extension, l'Ankole. La partie immédiatement au nord de la gorge de la Tungue ou Birara est un vaste plateau d'une altitude moyenne de 1.500 à 1.600 mètres, barré au nord par une ligne de montagnes est-ouest, dont les sommets s'élèvent jusqu'à 1.940 mètres (mont Itembe), couvert d'herbe courte et coupé de petites vallées peu profondes et marécageuses. Au nord de la chaine, le pays est plus sauvage et plus coupé, la végétation plus dense. Vers l'est, des sommets de 1.700 à

1.900 mètres jalonnent la crête de séparation des eaux du lac Edouard et du lac Victoria.

Certains sommets sont couronnés de gros blocs de gneiss analogues à des dolmens. Le plateau est d'ailleurs formé de gneiss, de roches schisteuses et de quartzites, qui apparaissent surtout vers l'escarpement du « Graben ».

Quelques sources chaudes vers Ihunga et la crête Victoria-Edouard (Kitagata).

Les habitants de l'Ankole comportent deux races bien distinctes : des Sémites et des Bantu, qui se sont parfois mélangées, ainsi que le montrent certains types, où les caractéristiques des deux races se retrouvent.

Les Sémites s'appellent ici Wahima; ce sont, comme dans le Ruanda, des gens de haute taille, à figure allongée, pasteurs. Les Bantu portent le nom de Wahoro et sont, comme les Wahutu, surtout cultivateurs. La forte organisation du Ruanda n'a pas subsisté; grâce surtout à la présence des blancs et à leurs démêlés politiques, de petites chefferies indépendantes se sont formées. Les Anglais les ont actuellement fait passer sous les ordres du roi de l'Ankole, Kwahaya, qui réside à Mbarara, et étendent son action par l'introduction de colons Waganda.

Les troupeaux sont très nombreux, surtout dans le Ruzumbura, qui présente d'excellents pâturages. Les indigènes de cette partie se sont d'ailleurs fortement « approvisionnés » de bétail chez leurs voisins de l'ouest.

La faune est peu développée et le chasseur ne rencontre guère que des perdrix à pattes rouges, des pintades et quelques troupes de grues couronnées.

Le bois de construction et de chauffage fait absolument défaut dans la région. On ne rencontre guère, comme arbres, que les ficus, dont les indigènes se servent pour fabriquer de l'étoffe en étendant l'écorce à l'aide de marteaux de bois.

La plaine de l'Usongora.

L'Usongora est la région comprise entre les lacs Edouard et George, le canal de Kazinga, la Semliki et le pied du Ruwenzori.

C'est une plaine en pente douce, d'un niveau moyen de 950 mètres, qui descend, par un escarpement à pic d'une vingtaine de mètres, jusqu'au niveau du lac.

Formée par des tuffs volcaniques, — où des rivières, venues du Ruwenzori, ont ou bien creusé des crevasses à parois à pic ou disparu, — elle est garnie, dans sa partie centrale, de nombreux cratères démantelés, dont plusieurs renferment une eau très saumâtre.

Ces cratères sont rangés suivant une direction S.-O. - N.-E., en partant de l'extrémité d'un éperon du Ruwenzori. L'un d'eux renferme le lac salé de Katwe, exploité par les indigènes. Le sel semble provenir de la filtration de l'eau au travers de certains tuffs. Quelques concrétions calcaires apparaissent également parmi les tuffs de Katwé et ces calcaires forment deux grosses masses, dans le fond et près du lac. Le sel de Katwé est très prisé par les indigènes, qui le préfèrent parfois au sel d'Europe. Il fait l'objet d'un commerce considérable avec toutes les régions environnantes. Il est cependant rien moins que bon et les Européens ne l'absorbent pas sans inconvénient.

L'eau du lac possède une teinte rose caractéristique, qui se retrouve dans certaines qualités du sel.

La plaine de l'Usongora est, en général, dépourvue d'eau potable. Deux grands affluents, venant du Ruwenzori, la traversent : la Lubiliha, qui forme la frontière, et la Nyamukashania, belle rivière, aux eaux claires et froides, qui vient des glaciers du sud.

Cette plaine brûlante ne renferme presque pas d'habitants en dehors de l'agglomération de Katwe, qui vit surtout du commerce de sel et de la pêche. Quelques habitants dans la vallée de la Nyamkashania et au pied même du Ruwenzori.

Le gibier est assez abondant, principalement des antilopes et des buffles. Près de Kasindi : le buffle roux, signalé par le major Powell-Cotton. Les indigènes ont établi, au travers de la plaine, une ligne de pièges formés de fosses profondes et étroites dissimulées par des herbes, dont il est bon de se défier.

L'herbe courte qui couvre la plaine est favorable au développement du bétail, qui est très florissant dans les environs de Kasindi.

La mouche tsé-tsé existe en grande quantité au nord du lac et vers Katwe; aussi la maladie du sommeil a-t-elle fait son apparition dans ces régions, favorisée par le commerce de sel, et Katwe est devenu un centre d'infection dangereux. De là, le terrible mal a gagné la vallée de la Semliki, où il est en train d'exercer ses ravages en décimant les populations des environs de Beni. De là, également, il a gagné Vitshumbi, le sud du lac et menace Rutshuru.

Le massif du Ruwenzori.

Le massif du Ruwenzori s'élève le long de l'escarpement oriental du Graben, sur une longueur de 110 kilomètres environ, dans une direction S.-O. —N.-E.

Son point le plus élevé se trouve à 5.120 mètres au-dessus du niveau de la mer, c'est-à-dire à 4.200 mètres au-dessus du lac Edouard et à 1.500 au-dessus du lac Albert. Il fut ascensionné pour la première fois, en 1907, par le duc des Abruzzes, qui réussit à atteindre le point culminant par le versant oriental. Cet exploit n'a pu encore être réalisé par le versant occidental.

Les lignes générales du massif se présentent assez approximativement comme celles d'un vaste tétraèdre, dont le sommet serait au point culminant. Deux versants très raides vers l'ouest, séparés par une arête à peu près est-ouest, et un versant relativement doux vers l'est, rejoint par une énorme digue qui réunit les montagnes de l'Ankole et celles de l'Unyoro au massif.

Les eaux ont creusé ces versants d'immenses crevasses qui rendent la montagne très difficilement praticable, par l'ouest surtout.

Le massif est couronné de neiges éternelles et de névés, qui sont compris, dans une superficie d'environ 140 kilomètres carrés au centre du massif, et distribués en trois groupes.

Le plus élevé se trouve à l'ouest, les autres respectivement au N.-E. et au S. E. du premier. Les glaciers ont eu, à une époque antérieure, une étendue plus considérable, et dans certaines vallées, des moraines s'étendent jusqu'à 1.500 mètres des glaciers actuels.

La limite des neiges varie suivant leur exposition. Sur les pics et les crêtes, elle commence à partir de 4.500 mètres; dans les vallées, elle se prolonge jusqu'à 4.000 mètres.

Les eaux du massif se déversent toutes au lac Edouard ou à la Semliki. Le versant oriental présente plusieurs grands torrents, qui se jettent dans le lac George.

Le principal est la Mubuku, qui vient des glaciers et de quelques petits lacs qui avoisinent les sommets. Dans la plaine, à l'ouest du lac George, cette rivière se divise en une quantité de filets qui changent très souvent de lit. Quelques-uns se réunissent près de l'embouchure et la rivière se perd dans un grand marais, au nord du lac George.

Toute la partie N.-E. se déverse dans la Mpanga, rivière qui passe près de Fort-Portal.

Deux rivières seules se jettent directement dans le lac Edouard.

Les autres sont des affluents de la Semliki; ils ont un caractère torrentiel très accentué et leur cours est très rapide par suite de la pente considérable. Ils sont relativement peu importants; le plus important est la Lamia, qui sert de frontière. La rivière Butagu vient des glaciers et l'un de ses affluents sort d'un petit lac très pittoresque voisin du groupe central.

Au point de vue géologique, le Ruwenzori se distingue essentiellement des autres massifs neigeux de l'Afrique centrale : le Kenia et le Kilimandjaro, qui sont d'origine volcanique. Vers le pied se rencontrent des quartzites, des quartzophyllades et du gneiss. Dans les parties qui entourent les grands pics, des micaschistes ainsi que des schistes. Parfois, même à de grandes hauteurs, des diorites ou diabases. Comme pour le Tanganyka et le lac Edouard, au pied, des terrasses de graviers diminuant en grosseur et du sable près du bord du lac. Dans sa partie centrale, au nord des pics neigeux, une surface de 200 kilomètres environ est couverte de forêts et complètement inaccessible, elle se prolonge le long de l'éperon nord. Vers les sources de la Lubiliha s'élève également une forêt très touffue.

Au pied, trois régions volcaniques analogues à celle de Kisunzu s'échelonnent suivant une ligne de moindre résistance.

Par suite de la difficulté de circulation, le massif du Ruwenzori est peu habité. Des huttes, disséminées principalement sur le versant oriental ainsi que vers le sud, servent d'habitation à des indigènes de race Bantu auxquels on donne le nom de Wakondjo, ce qui signifie, à proprement parler, montagnards. Ils sont forts et musclés, vêtus de peaux de bêtes, surtout de peaux de singes et d'hyrax, en général très doux et très complaisants. Ils dépendent presque tous du roi de Toro.

La faune du massif est très particulière. On y trouve dans les forêts le singe colubus, à long poil noir et blanc, et un animal à fourrure : l'hyrax, qui se retrouve également au Kenia et au Kilimandjaro. Le duc des Abruzzes a signalé la présence de léopards à de très hautes altitudes. Les oiseaux sont aussi remarquablement représentés.

La flore est très développée; les espèces se succèdent en hauteur dans un ordre analogue à celui que nous avons signalé sur les volcans, mais sur plus d'étendue. Signalons, dans les vallées humides, la présence de marécages et de forêts de bruyères arborescentes garnies de longues mousses en draperies.

Le climat du massif est plutôt humide et dangereux par suite de ses variations extrêmes. Pendant la plus grande partie de l'année, les parties élevées sont complètement cachées soit par dés nuages, soit par des brouillards. A la saison sèche, on peut facilement passer à très courte distance du massif sans l'apercevoir; à la saison des pluies, les pics se découvrent parfois le matin et le soir, quelquefois la nuit, mais il est extrêmement rare de pouvoir les apercevoir pendant une journée entière. Ainsi découverts, on les aperçoit de très loin. Ils sont visibles de Mbarara (140 km.), d'Irumu (120 km.), de Boswenda (200 km.). C'est du côté ouest que le massif se présente de la façon la plus imposante, car son relief est beaucoup plus accentué et ses pentes plus formidables. Il peut être franchi facilement dans la direction ouest-est, au-dessus de l'éperon nord entre les monts Karangora et Msandama, et au sud, vers les sources de la Nyamkashania. Disons enfin, pour terminer, que le nom de Ruwenzori est complètement inconnu des indigènes, qui donnent à la montagne des noms très différents; les indigènes du Toro donnent aux pics neigeux celui de Gambaragara.

La plaine de la Semliki.

A l'ouest du Ruwenzori, continuant la grande fracture, s'étend la vallée de la Semliki, déversoir du lac Edouard vers le lac Albert. Jusqu'à hauteur du poste de Beni, l'escarpement occidental, quoique diminuant en altitude, reste bien apparent. Son altitude s'abaisse successivement de 2.250 mètres à 1.770 mètres au sud-ouest de Beni, puis 1.230 mètres au nord-ouest de ce poste. Il semble alors avoir livré passage à la grande forêt équatoriale qui envahit sur une largeur de plus de 50 kilomètres la vallée, jusqu'au pied du Ruwenzori. L'escarpement reparait alors nettement vers le mont Kiamata, 1.540 mètres, au sud duquel la forêt cesse.

La Semliki est une large rivière à cours assez rapide; elle traverse, entre les parallèles 0°10' et 0°30' nord, une série de seuils rocheux, puis, plus au nord, de nouveaux rapides qui la rendent impraticable à la navigation. Seul le cours inférieur, qui serpente dans la plaine marécageuse au sud du lac Albert, pourrait être praticable à de petits steamers. La Semliki se jette dans le lac Albert par un delta considérable où elle dépose de nombreuses alluvions.

Au nord de la forêt, l'escarpement oriental s'affaisse de nouveau un peu pour former le col de Mboga, dont l'altitude est de 1.300 mètres environ, puis reprend de nouveau, sans interruption, jusqu'au nord du lac Albert.

La vallée de la Semliki présente les mêmes caractéristiques que les plaines antérieurement décrites. Nous y retrouvons des phénomènes naturels identiques à ceux de la plaine du Tanganyka : les terrasses de graviers, les falaises argileuses, les marais salins sur la rive droite, au nord de la forêt, les sources chaudes, au pied du Ruwenzori.

La basse vallée de la rivière est très marécageuse et inondée à la saison des pluies.

Les rivières venant de Mboga se perdent dans le sol.

L'ethnographie de la vallée de la Semliki est assez disparate, par suite, probablement, des grands obstacles naturels qu'elle présente : la rivière et la forêt.

Aux environs de Beni, les Wanande, race intermédiaire entre les Bantu et les pygmées de la forêt, petits de taille, fortement musclés, mais sauvages et cruels. Ils ont ordinairement la lèvre supérieure percée en deux endroits.

La partie en forêt, sur la rive droite de la rivière, forme ce qu'on nomme le Buamba : les habitants ou Wahamba, sont groupés en petites agglomérations dans les clairières de la grande forêt. Ce sont des gens très primitifs, coiffés d'une façon analogue à celle des gens du Rukiga ; ils ont une prédilection marquée pour les colliers et bracelets de fer et de cuivre. Ils semblent de race toute différente à celle de leurs voisins, et il ne serait pas étonnant qu'ils fussent les restes d'une race ancienne chassée par de nouveaux occupants et forcée de chercher un refuge dans des régions difficilement accessibles, telles que le Ruwenzori et la grande forêt.

A proximité des villages Wahamba, des agglomérations d'arabisés assez considérables, qui se livrent au commerce du caoutchouc et de l'ivoire et spécialement à la fraude. Enfin, dans la forêt, des pygmées Wambuti, analogues au Batua du Ruanda, mais plus nombreux et mieux organisés. D'une taille ne dépassant guère 1m40, ce sont d'adroits chasseurs qui connaissent tous les détours de la forêt. Ce sont eux qui mirent Harry Johnston sur la trace de l'okapi. Ils se servent souvent de la peau de l'okapi pour se faire des ceintures, des lanières et parfois des vêtements. Leurs villages sont soigneusement dissimulés sous le feuillage. Il règne à leur sujet un tas de légendes dont nous nous garderons de nous faire l'écho.

Au nord de la forêt, la plaine est assez déserte, quelques agglomérations de pêcheurs, entourées de haies d'euphorbes.

La faune est assez abondante au sud. Les éléphants sont particulièrement nombreux dans toute la vallée de la Semliki. On leur a fait dans la partie septentrionale, qui appartenait aux territoires contestés, une chasse impitoyable qui doit en avoir diminué considérablement le nombre.

Citons, comme curiosité de la forêt, l'okapi.

Au nord de la forêt, peu de gibier.

La vallée de la Semliki est très malsaine ; la température y est ordinairement très élevée et les marécages qui s'étendent considérablement à la saison des pluies en font un séjour peu agréable. Vers le lac Edouard, la rivière est infestée par la mouche tsé-tsé et la maladie du sommeil exerce actuellement de grands ravages dans les environs de Beni.

Le Toro.

Au nord de la plaine du lac George s'élève une grande digue naturelle qui réunit l'escarpement à l'est de ce lac au flanc oriental du Ruwenzori ; la route de Katwe à Fort-Portal l'escalade par un raidillon d'argile rouge glissante vers la région volcanique de Tshatua. Cette digue se prolonge au nord jusqu'à la plaine du lac Albert où elle descend par des pentes très raides qui se prolongent depuis l'éperon nord du Ruwenzori jusqu'au bord oriental du lac Albert, dans une direction S.-O.—N.-E., en diminuant de hauteur.

La digue forme une partie du royaume de Toro dont la capitale est Fort-Portal, grand poste anglais.

Cette digue est caractérisée par deux régions volcaniques situées près de son intersection avec le flanc du Ruwenzori : l'une est formée par les environs du mont Tshatua ; l'autre se trouve au nord et à l'ouest de Fort-Portal. Ces régions comprennent d'anciens cratères souvent remplis d'eau et des puits circulaires, espèces d'évents qui sont également souvent remplis d'eau. Le pied oriental du Ruwenzori est ainsi jalonné par une série de régions volcaniques qui semblent marquer une ligne de moindre résistance et être ainsi en relation avec les affaissements de la vallée de la Semliki et du lac George.

Le royaume de Toro, dont les Anglais ont étendu les limites dans un but administratif et afin de faciliter la perception de leurs impôts, renferme quelques Wahima, et des Wahoro, de race bantu, assez semblables aux Waganda. Beaucoup d'entre eux ont les caractéristiques du mélange des deux races. Ce sont des gens en général très paisibles et d'excellents agriculteurs. Grâce à l'initiative du gouvernement anglais, ils cultivent actuellement le coton sous la direction d'agronomes qui leur donnent les directives nécessaires. Comme dans l'Uganda, cette mesure a été couronnée de succès et les récoltes de coton sont tout à fait florissantes.

Au point de vue commercial, Fort-Portal est un grand centre. La ligne télégraphique y aboutit depuis plusieurs années déjà. L'an dernier, a été terminée la route pour automobiles qui le réunit à Entebbe et le service est actuellement assuré par les véhicules du gouvernement et ceux de la firme Hansing. D'excellentes routes réunissent cette agglomération autour de laquelle vient se grouper une population indigène considérable, à Katwe, pour le commerce du sel, au Buamba, et à Mboga pour le trafic de l'ivoire et du caoutchouc, au lac Albert pour les communications avec le nord, et à Mbarara par l'est du lac George.

Un embranchement de la grand'route de Katwe traverse à Kazinga le canal et se dirige vers Mbarara à travers l'Ankole.

La grand'route de Mboga se prolonge jusqu'à Irumu et les mines de Kilo.

La rivière Loya dans la forêt de l'Ituri à proximité de Mboga.

Mboga et la crête Congo-Nil

La chaine occidentale du grand « Graben » reparaît au nord de la forêt de la Semliki vers le mont Kiamata ou Kalevi. Au nord de cette montagne s'étend une dépression dans la chaine, dont l'altitude ne dépasse pas 1.300 mètres, tandis que l'escarpement adouci se présente en amphithéâtre vers la vallée de la Semliki, c'est le col de Mboga et le pays des Walegga ou Bulegga.

Au nord du col de Mboga, jusqu'au mont Korovi, le Bulegga se prolonge par une partie plus élevée et plus accidentée. La crête de partage des eaux, du Nil et du Congo traverse le Bulegga dans une direction à peu près parallèle au cours de la Semliki. Les rivières du versant occidental sont peu importantes et la plupart d'entre elles vont se perdre dans des marécages avant d'arriver à la Semliki. L'une d'elles forme, au sud du mont Isura, une magnifique chute que les Anglais ont nommée Kirk falls.

La composition du plateau est analogue à celles que nous avons décrites déjà, pour l'Ankole, par exemple.

Les indigènes sont de deux races : les Walegga (Bantu) et quelques Wahima qui sont les seigneurs du pays et parmi lesquels les indigènes cherchent leurs chefs.

Au col de Mboga se trouvent des agglomérations assez importantes de marchands indiens et d'arabisés qui font le commerce d'ivoire et de caoutchouc avec notre colonie et vivent également du trafic avec les mines de Kilo.

Au nord des monts Pikoti et Korovi, de l'autre côté d'une chaîne de collines s'étend le pays des Walendu.

Immédiatement au sud de ces deux montagnes, l'escarpement occidental fait un détour brusque vers le S.-E. pour venir rejoindre le bord du lac Albert. Le prolongement de la plaine de la Semliki forme une plage d'une quarantaine de kilomètres de longueur sur 7 ou 8 de largeur, couverte d'une forêt épineuse clairsemée et où se trouve le port de Kissegnie. A proximité de cette plage, Kavali, où campa Stanley. Au nord de la plage, à Kahanama, se trouvent les restes du steamer qui amena les soldats d'Emin pacha quand ils vinrent rejoindre Stanley à Kavali. C'est vers Kissegnie qu'aboutit la route qui réunit les mines de Kilo au lac Albert. Par suite de la construction du chemin de fer anglais de la vallée du Nil Victoria qui réunira Jinja à Kakindu, sur le lac Tshoga, par suite de l'existence d'un bief navigable sur le lac Tshoga et le Nil jusqu'à Mruli, 80 à 90 kilomètres resteront à faire sur route entre Mruli et Butiaba pour arriver au port de Kissegnie.

Au N.-O. de la plage, la crête Congo-Nil se rapproche très fort de la rive, qu'elle suit parallèlement à 6 kilomètres environ; en s'élevant à des altitudes qui atteignent 2.400 mètres. Le versant occidental dévale à pic dans le lac jusqu'à la petite plage de Mswa, à l'embouchure de la rivière Kakoi.

Un peu au S. O. de Mswa, la ligne de hauteurs qui jalonnent la crête Congo-Nil s'éloigne du bord pour suivre la direction S.-N. vers les monts Au et Akara qui atteignent respectivement 2.230 et 2.130 mètres.

A l'est de cette ligne une région assez tourmentée qui se termine vers l'est par un escarpement de 200 à 300 mètres forme l'enclave de Mahagi dont l'extrémité sud arrive à l'embouchure de la rivière Ori sur la petite plage de Mahagi.

Au point de vue géologique nous retrouvons encore ici les micaschistes et les gneiss, et vers Mahagi des granites avec de gros cristaux de quartz. Des quartzites, sur le plateau immédiatement à l'ouest de la crête, ainsi que sur la chaîne N.-S. des monts Au et Akara. A l'est du mont Pikoti des roches ignées apparaissent.

La population au nord de la ligne Pikoti-Korovi, jusqu'à hauteur du mont Aburo (2° N.) est formée par les Walendu, race guerrière et turbulente qui, d'après H. Johnston, serait un croisement de nilotiques avec les pygmées de la forêt.

Sur le plateau des monts Au et Akara, une race qui semble spéciale, les Likoti, également fort turbulente.

Enfin, à l'est de ce plateau, une population tout à fait nilotique, les Waluru, qui peuplent la vallée du Nil jusqu'à Wadelaï.

Les villages sont en général placés au sommet de montagnes ou dans les environs du sommet. Ils sont groupés en petites chefferies et souvent en guerre.

La région de Mboga est très riche en bétail. Comme faune spéciale, nous signalons la présence d'éléphants très nombreux dans le pays des Walendu et des Likoti.

Plusieurs des hauts sommets de la crête qui longe le lac sont couverts de forêts de bambous. Vers l'ouest, la grande forêt équatoriale qui s'étend à perte de vue sur une contrée bosselée de collines où les vallées des rivières sont souvent indiquées par des lignes de vapeurs blanches.

La région de la crête Congo-Nil et Mboga jouit d'un climat excellent, et comme les communications y sont assez faciles, nul doute que dans un avenir assez proche elles ne deviennent un pays de colonisation qui n'aura guère de difficulté d'écouler ses produits; les débouchés étant certains : les mines de Kilo par exemple. Mboga se présente particulièrement bien, par suite de la facilité des communications et la proximité de la forêt pour fournir des bois de construction.

Le lac Albert.

Comme le lac Edouard et le Tanganyka il a l'air d'une cuvette en train de se desséçher, et sur laquelle s'avance d'une façon lente mais continue le delta de la Semliki.

Les rives du lac sont assez poissonneuses, mais les habitants ont été décimés par la maladie du sommeil, surtout vers Butiaba.

L'altitude du lac, telle qu'elle résulte de nombreuses mesures très sérieuses, est de 621 mètres.

Il existe actuellement deux ou trois steamers anglais sur le lac, faisant le service du bief méridional du Nil jusqu'à Nimule.

* * *

Les travaux géographiques.

Les travaux géographiques et cartographiques de la frontière orientale du Congo. ont été exécutés en trois fois, et dans l'ordre suivant :

De 1900 à 1906, les travaux Ruzizi-Kivu, de 1907 à 1908, les travaux du 30me méridien ; en 1911, les travaux Kivu-Ufumbiro.

L'ensemble de ces travaux forme une chaîne ininterrompue de triangles qui s'étend depuis le parallèle 3° 29′ S. jusqu'à 1° 18′ N. sur une longueur de 530 kilomètres. Cette chaîne renferme 88 points principaux et 141 points secondaires, soit en tout 229 points connus en latitude et longitude qui ont servi à établir le canevas de la carte sur laquelle la frontière a été repérée. Nous avons le plaisir de livrer aujourd'hui les résultats de ces triangulations à la publicité, sous forme de trois tables.

La première comprenant les points principaux : Latitudes, longitudes, coordonnées Y et X, calculées dans la projection de la carte marine de Mercator ainsi que les altitudes trigonométriques de 52 de ces points.

La seconde comprend les mêmes données pour les points secondaires, avec les altitudes de 91 de ces points.

La troisième renferme les azimuts et les valeurs des côtés de la triangulation principale, tels qu'ils ont été employés dans les calculs faits sur le terrain.

Ainsi présentés, nous espérons que ces résultats rendront quelques services, non seulement aux géographes mais aux ingénieurs qui devraient exécuter dans ces parages des levés dans un but technique; ainsi qu'aux chefs territoriaux qui pourront y raccrocher leurs levés de reconnaissances vers l'intérieur du pays. Plus tard nous n'hésitons pas à dire qu'ils seront d'un grand secours pour les futurs travaux cartographiques. Nous regrettons cependant que quelques-uns de ces points se trouvent actuellement en territoire allemand ou anglais.

Les repères sont en général faciles à retrouver soit grâce aux marques permanentes qui y ont été laissées, soit par suite de leur nature même qui en fait des points remarquables connus de tous les habitants aux environs. Nous possédons d'ailleurs sur l'emplacement de ces points des renseignements que nous communiquerons bien volontiers à tous ceux qui pourraient en avoir besoin.

Triangulation Ruzizi-Kivu.

Elle part du poste d'Usumbura pour atteindre le point 1° 20′ sud sur le 30me méridien.

Les travaux furent commencés après les incidents germano-congolais qui amenèrent la constitution en territoire contesté de la partie comprise entre la Ruzizi, le Kivu, les volcans Virunga et une ligne droite partant du point nord du Tanganyka pour arriver au point 1° 20′ S. sur le 30me méridien.

La commission mixte germano-belge qui entreprit ces travaux en 1900 était composée du côté allemand par le professeur Lamp de l'Université de Kiel, le commandant Hermann et le lieutenant Fonck. Du côté belge, le commandant Bastien, le lieutenant Mercier et M. Tilman qui mourut au commencement des travaux, à Usumbura et fut remplacé par le lieutenant Von Stockhausen. Elle avait pour but de relever la carte du territoire contesté en un espace de deux années.

Les travaux commencèrent par la détermination des coordonnées absolues du point du départ, à proximité du poste allemand d'Usumbura sur la rive orientale du lac Tanganyka et par la mesure d'une base de 1.550 mètres sur la plage de ce poste.

La latitude fut déterminée par la méthode des passages méridiens, à l'aide d'un cercle méridien portatif.

La longitude fut obtenue à l'aide d'observation de culminations lunaires.

La moyenne de ces valeurs déterminées par le commissaire allemand et le commissaire belge fut admise comme valeur de départ.

La triangulation fut poussée sous forme d'une chaine de quadrilatères jusqu'au sud du lac Kivu par la vallée de la Ruzizi.

En ce moment, on eut à déplorer la mort du professeur Lamp, astronome des plus distingués qui mourut dans des circonstances restées mystérieuses au signal de Tshamudongo, dans le Ruanda, les uns disent d'insolation, les autres empoisonné par les indigènes. Sa dépouille mortelle fut transportée à Ishangi où elle repose actuellement dans un modeste enclos entouré d'euphorbes.

Les travaux allemands, un moment arrêtés, furent repris sous la direction du commandant Hermann, et gagnèrent le nord du Kivu par l'est. La triangulation belge en fit autant par l'ouest.

Une base de vérification fut mesurée sur la plage de Kissegnies, où les deux chaînes se rencontrèrent à nouveau. Les résultats étant peu différents, les opérations furent continuées par une chaîne de quadrilatères, vers le point 1° 20'. Puis, la mission allemande disparut. Le commandant Bastien, son terme de deux ans terminé était rentré en Europe après avoir atteint Kissegnies. Mercier et Von Stockhausen continuèrent les mesures jusqu'à 1° 20' où ils furent rejoints par M. Thévoz, cartographe, destiné à les remplacer, et des géomètres. Ils devaient achever la carte du territoire contesté suivant les conventions intervenues entre les deux gouvernements.

Nous devons à cette dernière équipe d'excellents documents cartographiques, tels que la carte du nord du Kivu. Elle eut le tort de se perdre un peu dans les détails, de sorte que les travaux traînèrent en longueur, et en 1906, on était encore bien loin de posséder une carte des territoires contestés.

La première section avait relevé le cours de la Ruzizi et l'emplacement des principales montagnes de la vallée, ainsi que la rive ouest et nord-ouest du lac Kivu.

En 1906, au départ de M. Thévoz, les travaux furent repris par Mercier, auquel je fus adjoint, ainsi qu'un géomètre, M. Laurent. Il était temps de se hâter, nous exécutâmes une petite triangulation sur la rive orientale du Kivu, en la rattachant à l'île Kuidjui et à la triangulation ancienne. Cela nous permit de compléter la carte du lac et de relever complètement l'île. Puis, nous commençâmes à relever la ligne 1° 20' — Tanganyka qui fut jalonnée jusqu'à la forêt du Ruanda par une petite triangulation s'appuyant sur les points de Mtarishua, Tshamata et Kibuburu. Cela nous prit sept à huit mois. En août 1906, nous recevions l'ordre de cesser les travaux, et de rejoindre la mission qui jalonnait le 30me méridien est de Greenwich, alors que nous nous disposions à pénétrer en plein cœur du Ruanda.

La tâche resta ainsi inachevée. Les documents cartographiques principaux de cette mission sont : le cours de la Ruzizi au 200.000e, la carte du lac Kivu au 100.000e, la carte du Bugoye et une carte des environs du point 1° 20' qui ne nous intéresse plus actuellement, ce point n'étant plus dans notre territoire.

La triangulation ayant été effectuée à l'aide de simples cercles d'alignement, il a été impossible de faire un nivellement trigonométrique, les altitudes ont été obtenues à l'aide de baromètres altimétriques et d'hypsomètres et par des méthodes absolues, ce qui leur ôte toute valeur.

Du côté du 30me méridien, les travaux commencèrent dans le courant de 1903. A cette époque, opérait le long du parallèle 1° S., une commission mixte anglo-allemande. Afin de pouvoir contrôler les résultats de cette mission, le commandant Bastien fut envoyé vers le point 1° 20' S., sur le 30me méridien, et il prolongea par une triangulation rapide, la chaîne Ruzizi-Kivu jusqu'au mont Ihunga, montagne remarquable sur le bord du plateau du Rukiga, très voisine du point de réunion des trois frontières allemande, anglaise et belge.

La comparaison avec les valeurs trouvées par la commission mixte anglo-allemande, satisfaisante au point de vue de la latitude, montra en longitude une divergence de 1' 45" soit 2.300 mètres, ce qui n'était pas très étonnant, étant donnée la méthode employée au Tanganyka. Mais le fait capital qui ressortait de cette détermination du 30me méridien c'était la constatation d'une erreur de position dans la frontière telle qu'elle était marquée sur les cartes de l'époque. Le méridien se trouvait en effet de 19 à 20 kilomètres à l'est de la position renseignée sur les cartes. Il en résulta une nouvelle bande contestée qui fut déclarée neutre par les gouvernements belge et anglais et qui fut comprise entre les deux méridiens, l'ancien et le nouveau, le parallèle de 1° S. et la crête Congo-Nil.

En 1904, une mission commandée par le commandant Bastien, assisté par les lieutenants Mercier et Von Stockhausen, partit vers le lac Edouard dans le but d'aborner le 30me méridien tel qu'il résultait des travaux de triangulation Ruzizi-Kivu. La mission mesura une base de 2.200 mètres dans la plaine au sud du lac Edouard, un azimut astronomique entre les points de Shambo et Ruhankoba et entreprit de se relier au point d'Ihunga qui devait servir d'origine. Puis, à l'aide d'alignements elle plaça des bornes entre 1° et 1° 20′ S., et par alignement et triangulation combinés, jalonna le méridien en question jusqu'à 0° 30′ S. environ.

Elle poussa une triangulation jusqu'aux environs du lac de Katwe. Le commandant Bastien et Von Stockhausen rentrèrent en Europe, fin 1906 et furent remplacés par Mercier et moi. Nous continuâmes l'abornement de la ligne jusqu'à la route Kazinga-Mbarara vers 0° 10′ S. Au moment où nous nous apprêtions à passer de l'autre côté du canal, un télégramme du gouvernement nous avertit de la formation d'une commission mixte anglo-belge pour l'étude du 30me méridien. Les commissaires de cette mission étaient du côté belge Mercier, du côté anglais le lieutenant-colonel Bright, les adjoints belges, le lieutenant Weber de l'artillerie de campagne et moi, du côté anglais le capitaine Jack des R.E. et le lieutenant Prittie R.B. Le rendez-vous était fixé au point d'intersection du 30me méridien avec le premier parallèle sud, rendez-vous assez bizarre peut-être pour un profane, et qui était pour nous le pied ouest du mont Ihunga.

Au commencement de mars 1907, nous étions tous réunis.

Le point de départ des travaux fut le sommet du mont Ihunga, situé par 0° 59′ 41″ Lat. S., 30° 02′ 31″ Long. E., et à 2.187 mètres au-dessus du niveau de la mer. Nous admîmes les valeurs anglaises, la latitude ayant été vérifiée et calculée d'après un réseau compensé. Quant à la longitude, il était hors de doute qu'elle avait un poids de beaucoup supérieur à la nôtre puisqu'elle résultait d'un double transport par triangulation de la longitude de Zanzibar, laquelle a été obtenue télégraphiquement et par l'Observatoire du Cap et par celui de Greenwich. Nul doute qu'une valeur obtenue par culminations lunaires, une des méthodes les moins exactes, transportée ensuite par triangulation sur une distance de 250 kilomètres, ne pouvait entrer en ligne de compte avec une telle valeur. Les Anglais nous communiquèrent également les éléments (azimut et logarithme) du côté Ihunga-Shamiumbu dont ils partaient, mais nous préférâmes partir de la base de Lumiri mesurée par la mission d'abornement et de l'azimut Nyakagezi-Ruhankoba, obtenu par cette mission.

Les travaux furent menés d'après les principes suivants : Il fut décidé que, malgré la faculté laissée aux commissaires de pouvoir proposer une frontière, il ne serait fait aucun usage de ce pouvoir : les missions relèveraient la carte sur tout le parcours de la frontière depuis 1° S. jusqu'à la crête Congo-Nil, les cartes seraient comparées à la fin des travaux et la frontière discutée directement entre les deux gouvernements.

Les opérations furent menées le plus rapidement possible. Et en novembre 1907 nous atteignions la crête Congo-Nil vers le parallèle 1° N. Nous étions alors fortement réduits en effectif : Mercier, gravement malade depuis longtemps déjà, n'avait pu participer aux travaux et avait été obligé de regagner l'Europe. Des trois géomètres qui nous servaient de cartographes, deux durent rentrer en Europe pour maladie également, nous restions donc à trois valides. Les Anglais beaucoup plus nombreux (ils étaient 6) et mieux outillés purent étendre leur carte en surface un peu plus que nous et complétèrent leur réseau autour du Ruwenzori par la vallée de la Semliki.

Nous pûmes gagner beaucoup de temps en nous servant de leurs signaux à l'est du Ruwenzori, et la crête Congo-Nil fut atteinte avant leur arrivée. En diminuant en surface nos travaux cartographiques nous avions pu arriver à nous tenir à hauteur. Nous avions commencé le débroussement d'une base de contrôle près du camp de Kiagode quand le commandant Bastien désigné pour remplacer Mercier et Von Stockhausen qui devait me relever, arrivèrent. Je pus ainsi rentrer en Europe après un terme de près de quatre années de dur travail. Les autres déterminèrent l'intersection du 30° méridien avec la crête Congo-Nil qui se trouvait un peu à l'est du camp de Kiagode et achevèrent la cartographie, aidés du lieutenant Gendarme et de l'ingénieur Wuidart qui étaient venus renforcer l'effectif. La comparaison avec les valeurs anglaises étant satisfaisante, la base de contrôle ne fut pas mesurée.

Dans le cours du travail, nous avions vérifié au sud du Ruwenzori, un azimut qui nous donna toute satisfaction.

La même opération fut faite au camp de Kiagode sur un côté auxiliaire; elle montra la nécessité de refaire un azimut dans le cas où l'on voudrait prolonger vers le nord les levés. Il n'y a pas de doute également qu'il faudrait mesurer une nouvelle base et faire des observations précises en latitude.

Les documents principaux de cette mission sont : la triangulation de 1° S. à 1° N., et la carte au 250.000^e de la zone triangulée, qui fut trouvée, à quelques petits détails près, d'accord avec la carte anglaise.

Les résultats de la mission anglo-congolaise du 30e méridien servirent de base à un travail d'ordre purement scientifique qui fut entrepris immédiatement après, dans le courant de 1908. Nous voulons parler de la mesure de l'arc de méridien du 1° S. à 1° N.

Les deux gouvernements se mirent d'accord à cet effet : l'Angleterre fournit les géodèses : le capitaine Jack et M. Mac Caw; la Belgique envoya l'astronome : M. Dehalu. La grande triangulation prit comme axe le méridien 30° 25'. Une base de 16 km. 1/2 fut mesurée dans la plaine de la Semliki, par la méthode de Jäderin, à l'aide de fils en « Invar », et malgré les écarts de température qui sont les plus grands connus pour un tel travail; le résultat atteint fut des meilleurs, l'approximation étant de l'ordre du 2.000.000^e. Les calculs très longs ne seront sans doute pas terminés avant quelques mois.

L'intérêt scientifique des résultats sera très grand. Grâce à l'initiative de M. Dehalu, l'étude de la déviation de la verticale et du magnétisme pourra être faite complètement et l'influence du Ruwenzori sera ainsi décelée. D'après une convention intervenue, les résultats seront publiés mi-partie en français, mi-partie en anglais. Un des points, celui d'Isura, se trouve dans le territoire de la colonie, un autre est facilement visible de la frontière. Ce sont là de précieuses données pour plus tard.

En 1909, l'Angleterre émit des prétentions sur la région des volcans Virunga et une certaine tension caractérisa les relations des deux gouvernements; cette situation perdura jusqu'au commencement de 1910, époque à laquelle une réunion de délégués de l'Angleterre, de l'Allemagne et de la Belgique se tint à Bruxelles.

Les documents cartographiques dressés par les missions mixtes servirent alors au choix d'une frontière. Les pourparlers, longs et pénibles étant données les convoitises de chacun, se terminèrent heureusement. Une seule partie de la région restait inexplorée, c'était celle comprise entre le parallèle 1° S. et les volcans Virunga. La Commission admit en principe comme tracé de frontière, une droite partant du mont Ngabua, point de la triangulation anglo-congolaise (situé par 0° 54′ 03″ S. et 29° 35′ 14″ Long. E. G.), et aboutissant au point culminant du volcan Sabinio; puis de là, la ligne de faîte des volcans jusqu'au Karissimbi, prolongée jusqu'au nord du Kivu par une ligne assez compliquée qui devait être jalonnée sur le terrain. Il en résulta la nécessité d'envoyer une commission mixte anglo-germano-belge. Cette commission partit en novembre 1911. Elle comprenait deux commissaires pour chaque nation. Du côté anglais : le capitaine Jack, des R. E. et le capitaine Prittie de la R. B.; du côté allemand : le major Schlobach et le commandant Fonck; du côté belge : le commandant Bastien et moi. Chaque section disposait de trois cartographes qui pour nous étaient le capitaine d'artillerie Weber, le lieutenant Gendarme et l'ingénieur Wuidart. Le travail devait se faire dans l'ordre suivant : D'abord, le tracé de la frontière Ngabua-Sabinio qui devait être compris dans une bande de 6 kilomètres dont l'axe était la droite Ngabua-Sabinio; puis, la frontière germano-belge, Kivu-Karissimbi. Enfin, une rectification de frontière devait occuper les Allemands et les Anglais le long du parallèle 1°, du Sabinio jusqu'au Kagera.

Le 13 février, les sections belge et anglaise étaient réunies à Ngabua. Les mêmes conventions que celles faites dans les missions antérieures intervinrent, c'est-à-dire que chacun des partis travaillerait de son côté, usant, s'il le désirait, des signaux établis; les résultats seraient comparés pour les points communs et les cartes seraient superposées en ce qui concernait la partie commune à relever.

Comme la saison sèche n'était pas terminée, nous commencâmes de commun accord, une chaîne de petits triangles d'une dizaine de kilomètres de côté en partant d'une base du 30e méridien, le long de la bande à cartographier. Cela permit aux cartographes de travailler; notre petite triangulation fut terminée en un mois; puis nous revînmes en arrière, et partant d'une autre base du 30e méridien, nous pûmes établir une chaîne de grands triangles au travers de la vallée de la Rutshuru et traverser le col à l'ouest du Mikeno, pour rejoindre les points déterminés par la commission Ruzizi-Kivu, dix ans auparavant. La concordance des résultats fut trouvée satisfaisante, la différence de 1′ 45″ en longitude se maintenant, tandis que les latitudes ne différaient que de 1″,25. Nous avions ainsi établi la liaison entre les deux chaînes, réunies en un réseau unique d'une longueur de 530 kilomètres.

Le major Jack et un groupe de signaleurs indiens au sommet du Mont Ngabua.

Les travaux de cartographie et d'abornement marchaient de pair. En juin, après avoir établi les derniers signaux du réseau, je quittai la mission, rappelé en Europe par mes nouvelles fonctions, et le 25 juin, le dernier protocole était signé entre le commandant Bastien et le major Schlobach. Les travaux avaient duré à peine cinq mois et demi et s'étaient étendus en latitude sur 90 kilomètres environ et en longitude sur 30 kilomètres environ. Près de 90 points de repères furent relevés, parmi lesquels les positions des pics principaux des volcans Virunga ainsi que le niveau du Kivu encore indéterminé. En quatre mois, la cartographie put être étendue sur 2.400 kilomètres carrés environ.

Les documents géographiques de cette dernière mission sont : La triangulation Ngabua-Kivu. Une carte au 200,000e de la vallée de la Rutshuru, de 1° sud au parallèle du Sabinio. Une carte de la frontière germano-belge au 100,000e du lac Kivu au mont Hehu, dernière borne avant le sommet du Karissimbi.

Telle est en résumé l'histoire de ces missions heureusement terminées à l'heure actuelle.

BONNEVIE GENDARME WEBER WUIDART

Mission Kivu-Ufumbiro. — Sections Belge et Anglaise.

MAURY JACK BASTIEN PRITTIE

Quels en sont les résultats ? — Mettant de côté les conséquences politiques et économiques provenant de l'établissement définitif d'une frontière incontestée et incontestable, on peut dire que cette suite de travaux a été surtout pour nous d'un grand enseignement. Aux tâtonnements de la mission Ruzizi-Kivu, aux déboires de celle du 30e méridien, a succédé le plein succès de la mission Kivu-Ufumbiro. En contact fréquent avec les opérateurs anglais, c'est à eux, principalement, que nous sommes redevables de l'expérience acquise. C'est à eux que nous devons la méthode de travail à la planchette telle qu'ils l'ont pratiquée et perfectionnée aux Indes; ainsi que la façon de conduire les triangulations destinées à servir de base à la cartographie.

En Belgique, en effet, la cartographie est un art presque complètement abandonné, notre carte au 20.000^{e} depuis longtemps terminée, notre triangulation géodésique et notre nivellement de précision complètement achevés depuis des années ont amené cet état latent. L'importance, pour nous, de faire une carte précise de notre colonie nous place devant un problème tout à fait nouveau.

Nous avons d'abord tâtonné. Delporte et après lui le commandant Lemaire nous ont lancé dans ce que ce dernier appelle la cartographie astronomique, et qui n'est en réalité que le relevé d'exploration ordinaire où les points sont déterminés d'une façon un peu plus précise par l'emploi d'instruments perfectionnés, tels que la lunette méridienne.

On a cru et on croit encore que les perfectionnements apportés aux observations astronomiques avantageront cette méthode aux dépens d'autres méthodes plus rationnelles. Les Français nous ont même donné l'exemple. On ne fait abstraction que d'une seule chose, c'est de la surface de la terre. On oublie que la verticale d'un lieu n'est jamais la normale à l'ellipsoïde terrestre, mais une direction voisine de cette normale déviée par des causes locales. Aussi les observations astronomiques les plus précises sont-elles toujours entachée de cette erreur qui peut atteindre 20″ et même 59″ (1.400 m.) (valeur moyenne en Amérique = 4″).

Ajoutons à cela la difficulté des observations de longitude. Ainsi les observations absolues de Lemaire donnent dans l'expédition Congo-Nil, une erreur moyenne de ± 40″ pour cinq culminations lunaires, c'est-à-dire 1.240 mètres, ce qui signifie que l'on a une chance sur deux, pour que le point exact ne s'éloigne pas du point marqué de plus de 1.240 mètres. Précision qui ne peut être aucunement admise dans une carte au 1.000.000e et qui est cependant très belle pour la méthode employée.

La triangulation seule, où les mesures sont faites dans le plan de l'horizon, n'est affectée que d'une façon insensible par cette déviation.

On peut dire, d'ailleurs, qu'une carte dont le canevas est purement astronomique ne sera jamais une bonne carte topographique.

La triangulation est parfaitement possible en Afrique et on doit l'appliquer partout où ne surgissent pas d'obstacles insurmontables avec le contrôle des observations astronomiques, où les erreurs ne s'accumulent pas.

Il est donc nécessaire d'approfondir mûrement le problème de la cartographie au Congo, d'agir suivant un plan d'ensemble établi dans un haut esprit scientifique, de discuter en toute connaissance de cause les méthodes à appliquer et surtout de procéder, pour avoir une œuvre durable, du tout vers la partie et non de la partie vers le tout.

RÉSULTATS DES TRIANGULATIONS

EXÉCUTÉES

SUR LA FRONTIÈRE ORIENTALE DU CONGO BELGE

TABLE I : Coordonnées des points principaux comprenant :

a) Latitudes et longitudes calculées sur l'ellipsoïde de Bessel (1841). $a = 6.377.397{,}2.$ $b = 6.356.079{,}0$ $\frac{b}{a} = \frac{298{,}15}{299{,}15}$;

b) Altitudes absolues ;

c) Coordonnées X et Y dans la projection de la carte marine de Mercator (DELPORTE). Origine : $\varphi = 0°$ $\lambda = 20°$ E. G.

TABLE II : Coordonnées des points secondaires = (mêmes données).

TABLE III : Valeurs des azimuts et logarithmes des côtés des triangles principaux.

TABLE I. — POINTS PRINCIPAUX

Latitudes, longitudes et altitudes relevées par les Commissions-frontières belges le long de la frontière orientale du Congo belge.
Coordonnées X et Y dans la projection de la carte marine de Mercator (axe des X : équateur, axe des Y : 20me méridien, E. GREENWICH).

POINTS	LATITUDES	LONGITUDES	ALTITUDES	Y	X	OBSERVATIONS
	° ′ ″	° ′ ″	mètres	mètres	mètres	
Pilier d'observation d'Usumbura	— 3 22 56,73	29 21 28,31		374.193	1.041.591	Pilier.
Terme N. de la base id.	— 3 22 55,72	29 21 28,25		372.614	1.041.498	
Id. S. id. id.	— 3 22 05,38	29 21 25,27		374.162	1.041.591	
Mont Ikungu	— 3 22 29,67	29 23 33,54		373.362	1.045.462	
Id. Mbosa	— 3 25 33,83	29 25 05,57		379.026	1.048.313	
Id. Sandjuma	— 3 29 50,09	29 21 28,53		386.912	1.041.597	
Lubenga (ancien poste)	— 3 21 05,37	29 09 38,33		370.769	1.019.640	
Uvira (poste)	— 3 24 17,27	29 08 30,33		376.673	1.017.537	Pilier déplacé par le Commandant De Kemmeter.
Mont Tshamata	— 3 04 47,50	29 10 26,83		340.687	1.021.139	
Id. Mtarishwa	— 3 04 20,26	29 17 33,26		339.851	1.034.324	
Id. Suria	— 2 48 39,69	29 01 26,05		310.924	1.004.419	
Id. Kibuburu	— 2 48 31,42	29 11 04,55		310.660	1.023.418	
Id. Lemera	2 39 42,61	29 04 37,74		294.410	1.010.346	
Id. Murga	— 2 40 32,92	28 57 03,58		295.956	996.305	
Id. Tshamudongo	— 2 33 42,97	28 58 29,41		283 353	998.958	
Id. Nyamagana	— 2 33 25,53	28 54 36,41		282.816	991.754	
Id. Shatu	— 2 32 23.46	28 56 25,37		280.909	995.124	
Id. Rumbu	— 2 33 13,04	28 50 50,79		282.431	984.779	
Id. Makangala	— 2 26 52,09	28 50 02,18		270.722	983.276	
Id. Mgatshutshu	— 2 29 48,94	28 56 46,34		276.157	995.770	
Id. Nyabungue	— 2 18 45,79	28 51 56,67		255.774	986.816	
Id. Gangamanda	— 2 20 56,38	29 02 10,12		259.788	1.005.782	
Id. Katshosho	— 2 09 57,98	28 53 46,08		239.550	990.199	
Id. Kumbene	— 2 11 47,03	28 59 38,94		242.901	1.001.107	
Id. Mtembera Nzogera	— 2 03 06,43	28 57 23,54	1.934	226.901	996 921	
Id. Moganza	— 1 59 21,09	29 04 28,55		219 977	1.010.064	
Mobimbi (Anc. poste N.)	— 1 43 56,78	29 02 40,90		191.574	1.006.734	
Mont Goma	— 1 40 54,31	29 13 21,04	1.590	185.967	1.026.525	Douille percutée et borne en pierre.
Id. Bolingo	— 1 37 33,62	29 07 46,74		179.801	1.016.189	
Id. Kama	— 1 42 14,91	29 17 13,78	1.874	188.420	1.033.723	Bouteille cimentée et borne en pierre.
Id. Bushwaga	— 1 37 36,37	29 15 28,90	1.849	179.887	1.030.480	Douille percutée et borne en pierre.
Id. Rushashu	— 1 38 56,15	29 22 08,25		182.339	1.042.825	
Id. Ruagare	— 1 35 30,72	29 21 18,18	2.366	176.025	1.041.279	Id. id. id. id.
Id. Rubare	— 1 35 44,22	29 27 53,35		176.440	1.053.498	
Volcan Karisimbi	— 1 30 22,60	29 26 54,20	4.506	166.559	1.051.668	Point culminant.

Mont Nyangaga	[illegible]	[illegible]		[illegible]	[illegible]	
Id. Kabira	— 1 23 12,60	29 52 18,41		153.349	1.098.794	
Signal 36	— 1 21 24,40	29 59 35.34		150.025	1.112.309	
Id. 37	— 1 20 57,75	29 59 13,47		149.207	1.111.629	
Pilier de Kissegne	— 1 42 11,88	29 03 11,38		188.352	1.030 300	Pilier en maçonnerie.
Mont Rubavu	— 1 40 06,11	29 16 03,11	1.813	184.487	1.031.537	Douille percutée et borne en pierre.
Id. Ingo	— 1 31 30.29	29 23 57,91	2.796	168.639	1.046.218	Id.
Id. Gissi	— 1 30 21,39	29 18 20.17	2.220	166.522	1.035.776	Id.
Volc. Kanamaharage	— 1 24 24.94	29 18 00,92	1.868	155.570	1 035.179	
Mont Gugo	— 1 24 43,52	29 23 29,00	2.181	156.141	1.045.323	Id.
Id. Musego	— 1 20 18,24	29 22 56,36	1.707	147.991	1.044.315	Id. et borne en pierre.
Id. Mbuzi	— 1 17 56,31	29 28 46,37	2.105	143.632	1.055.137	Id. id. id.
Id. Lutezo	— 1 09 59,42	29 32 46,71	2.012	128.982	1.062.567	Vis en cuivre id. id.
Madjikuenda (étape)	— 1 02 33,18	29 25 00,79	1.062	115.275	1.048.161	Douille percutée id. id.
Mont Niongera	— 1 09 16,78	29 26 15,48	1.217	127.673	1.050.471	Id. id. id.
Id. Buito	— 0 52 23,53	29 20 38,54	1.108	96.548	1.040.051	Cartouche percutée et borne en pierre.
Id. Ngabua (S.-O.) (2)	— 0 54 11,65	29 35 01,29	1.874	99.868	1.066.729	Id. Id. cimentée. Borne en pierre.
Id. id. (N.-E.) (1)	— 0 54 02,51	29 35 13,75	1.875	99 588	1.067.115	Vis en cuivre, borne en pierre et borne-frontière un peu au sud.
Id. Kashoni	— 0 51 47,79	29 41 04,46	1.640	95.451	1 077.958	
Kamorora	— 0 40 52,14	29 37 16,97	1.083	75.311	1.070 924	Vis en cuivre et borne en pierre.
Kafungu	— 0 32 47,02	29 38 59,79	963	60.464	1.074.102	
Mont Ruhankoba	— 0 44 54,62	29 51 46,39	1.645	82.759	1.097.805	Bouteille cimentée et borne en pierre.
Id. Pangango	— 0 44 38,51	29 46 02,43	1.362	82.265	1.087.169	
Id. Zoroma	— 0 49 50,23	29 47 49,31	1.665	91.839	1.090.474	
Nyakagezi	— 0 49 39.41	29 48 54,58	1.570	91.510	1 092 493	
Mont Itembe	— 0 47 40,17	29 59 17,98	1.940	87.846	1.111.768	Vis en cuivre et borne en pierre.
Id. Kasese	— 0 52 32,80	29 54 23,68	1.779	96.833	1.102.668	Bouteille cimentée au sommet.
Kabuambara	— 0 36 01,50	29 47 56,75	1.135	66.386	1.090.702	Id. à 30 cm. sous le sol.
Mont Kati	— 0 37 36,91	29 56 28,99	1 610	69.315	1.106.542	Croix gravée sur le rocher.
Id. Kasomora	— 0 51 02,99	30 03 49,25	1.551	94.075	1.120.152	Vis en cuivre et borne en pierre.
Id. Ihunga	— 0 59 41,40	30 02 31,04	2.187	109.998	1.117.735	Cartouche perc. à 4 p. sous terre et borne
Id. Isumu	— 0 38 46,15	30 02 35,87	1.773	71.441	1.117.731	Vis en cuivre et borne en pierre.
Id. Sanga	— 0 31 13,49	30 00 10,13	1.605	57.540	1.113.378	
Musambagana	— 0 18 05,89	30 03 53,12	1.024	34.057	1.099.403	
Mont Kisunsu	— 0 18 05,89	30 03 53,12	1 627	33.350	1.120.273	
Id. Mubahanga	— 0 01 49,91	29 56 32,15	1.367	3.375	1.106.638	
Id. Nyamagoma.	— 0 05 14,88	29 39 48,62	1.192	9.671	1.075.611	
Id. Kitare	+ 0 03 22,52	29 49 43,23	1.942	6.219	1.093.995	
Id. Mahango	+ 0 09 00,89	29 59 20,04	2.038	16.612	1.111.830	
Kasazu	+ 0 07 09,98	30 10 39,60	918	13.206	1.132.842	

POINTS	LATITUDES	LONGITUDES	ALTITUDES	Y	X	OBSERVATIONS
	° ′ ″	° ′ ″	mètres	mètres	mètres	
Mont N Kende	+ 0 14 48,35	30 05 58,28	1.688	27.285	1.124.144	
Id. Tshabundara	+ 0 15 28,72	30 19 14,09	1.447	28.522	1 148.749	
Id. Tshatua	+ 0 26 30,91	30 13 01,24	1 579	48.860	1.137.220	
Id. Kasangare	+ 0 27 25,20	30 05 34,08	2 266	50.528	1.123.396	Pte de rocher gravée à 35 cm. en dessous.
Id. Karangora	+ 0 38 04,52	30 07 17,90	3.014	70.163	1.126.605	Signal permanent 30me méridien.
Id. Djura	+ 0 40 04,24	30 17 11,28	1.585	73 840	1.144 953	Croix gravée dans la pierre.
Id. Kasoge	+ 0 44 33,39	30 15 02,99	1.623	82 108	1.140.986	
Mhale	+ 1 04 11,42	30 07 51,61	816	118.292	1.127.647	
Mont Kiamata	+ 0 58 19,06	29 53 59,62	1.540	107 470	1.101.923	
Id. Isura	+ 1 10 40,41	30 11 14,23	1.781	130.241	1.133.911	Signal permanent 30me méridien.
Id. Ami	+ 1 18 01,45	30 03 37,39	1.922	143.791	1 119.788	

TABLE II. — **POINTS SECONDAIRES**

POINTS	LATITUDES	LONGITUDES	ALTITUDES	Y	X	OBSERVATIONS
Pointe N, baie O. du Tanganyka	— 3 20 52	29 11 00		370.353	1.022.181	En 1900.
Id. E. id.	— 3 21 00	29 18 08		370.615	1.035.405	Id.
Embouchure gr. Ruzizi	— 3 24 31	29 16 42		371.559	1.032.727	
Id. pet. id.	— 3 21 25	29 12 30		371.365	1.024.958	
Nyakagunda (camp)	— 2 48 40	29 04 38		311.179	1.010 361	
Shangugu (Anc. Boma)	— 2 29 17	28 53 46		275 199	990.186	
Id. (Anc. poste)	— 2 28 29	28 54 23		273.713	991.333	
Nyalukemba (Anc. poste)	— 2 29 48	28 51 31		276 147	986.013	
Id. (Anc. Boma)	— 2 30 11	28 51 37		276.858	986.207	
Arbu de Bergfrieden	— 2 23 19	29 00 18		264.176	1.002 323	Près du poste allemand d'Ishangi.
Id. d'Iwinza	— 2 21 29	28 56 18		260.796	994.889	
Mont Mulumu Mumende	— 2 19 52	28 57 16		257.808	996.679	
Camp de Masonga	— 2 06 38	28 55 17		233 377	992.997	
Ile de Wahu	— 1 55 20	29 09 00		212 553	1.018.452	
Ile Kitanga	— 1 54 05	29 05 50		210 262	1.012.590	
Pointe d'Ishungu	— 2 15 21	28 58 40		249 488	999.298	
Masonga (Anc. poste)	— 2 05 54	28 53 56		232.078	990.490	
Mont Kavi	— 2 22 12	28 52 20		262.115	987 543	
Pointe de Luhende	— 1 49 00	29 01 48		200.904	1.005.089	
Mont Kagundu	— 2 14 43	28 52 03		248.324	987.005	
Pointe de Yoguelo	— 1 58 49	28 55 41		218.974	993.736	
Ile Miku	— 2 06 07	29 00 50		232.449	1.003.309	
Kuidjui (N.-O.)	— 1 57 03	29 03 22		215.741	1.008 005	
Mont Nya Bangeri	— 1 41 18	29 03 03		186.708	1.007.408	
Boma du poste N. Kivu	— 1 44 18	29 00 36		192.238	1.002.876	

Id. Kitwaro	— 1 36 35	29 05 52		178.011	1.012.649	
Id. Manza	— 1 34 29	29 03 41		173.300	1.007.677	Point Nord du Kivu.
Kuidjui (point culminant)			2.278			
Mabula (id.)			2.145			
Borne I	— 1 41 53	29 14 35		187.774	1.028.807	Frontière germano-belge Nord Kivu.
Id. II	— 1 41 40	29 14 35		187.372	1.028.807	Id. id. id.
Id. III	— 1 41 29	29 14 35		187.043	1.028.807	Id. id. id.
Id. IV	— 1 41 17	29 14 34		186.677	1.028.776	Id. id. id.
Id. V	— 1 41 03	29 14 34		186.247	1.028.795	Id. id. id.
Id. VI	— 1 40 41	29 14 32		185.565	1.028.782	Id. id. id.
Id. VII	— 1 40 28	29 14 33		185.147	1.028.764	Id. id. id.
Id. VIII	— 1 40 07	29 14 29		184.511	1.028.628	Id. id. id.
Id. IX	— 1 39 53	29 14 55		184.083	1.029.431	Id. id. id.
Id. X	— 1 39 35	29 15 15		183.519	1.030.047	Id. id. id.
Id. XI	— 1 38 54	29 15 38		182.268	1.030.749	Id. id. id.
Id. XII	— 1 38 24	29 15 46		181.365	1.031.008	Id. id. id.
Id. XIII	— 1 37 45	29 15 59	1.698	180.163	1.031.417	Id. id. id.
Id. XIV	— 1 37 35	29 16 16	1.705	179.847	1.031.930	Id. id. id.
Id. XV	— 1 37 12	29 16 57	1.824	179.147	1.031.512	Id. id. id.
Id. XVI	— 1 36 52	29 17 32	1.885	178.523	1.034.283	Id. id. id.
Id. XVII	— 1 36 24	29 17 49	1.900	177.656	1.034.796	Id. id. id.
Id. XVIII	— 1 36 00	29 18 30	1.925	176.922	1.036.091	Id. id. id.
Id. XIX	— 1 35 20	29 18 54	1.941	175.702	1.036.827	Id. id. id.
Id. XX	— 1 32 50	29 20 07		171.094	1.039.068	Id. id. id.
Id. XXI (Kabuhanga)	— 1 32 14	29 21 06		169.978	1.040.895	Id. id. id.
Id. XXII (Hehu)	— 1 30 33	29 21 35	2.430	166.888	1.041.798	Id. id. id.
Signal moyen (R. Kivu)	— 1 41 53	29 14 35	1.465	187.770	1.028.813	Altitude du lac : 1.460 mètres.
Kissegnie (mât de pav.)	— 1 42 05	29 15 18		188.140	1.030.143	Poste allemand, Nord Kivu.
Goma (mât de pavillon)	— 1 41 45	29 13 51	1.464	187.526	1.027.453	Poste belge id.
Mont Djoga	— 1 34 59	29 15 25	2.099	175.066	1.030.356	
Id. Tshawato	— 1 36 01	29 17 24	1.930	176.968	1.034.035	
Id. Mongomane	— 1 32 50	29 21 11	2.219	171.087	1.041.056	
Arbre O. Nyamlagira	— 1 17 49	29 09 46	2.283	143.407	1.019.878	
Mont Kisitora	— 1 04 26	29 39 37	2.423	118.740	1.075.253	Vis en cuivre et borne en pierre. (Triang. anglaise.)
Volcan Tshanina Gongo	— 1 31 03	29 15 05	3.469	167.800	1.029.741	Point culminant N.-E.
Id. Nyamlagira	— 1 24 28	29 12 32	3.056	155.665	1.025.010	Point culminant N.
Mont Kashia (S.)	— 1 07 27	29 16 55	2.224	124.300	1.034.997	
Id. (N.)	— 1 01 35	29 18 19	2.222	113.488	1.035.739	
Mont Tongo (S.)	— 0 58 56	29 18 26	2.227	108.604	1.035.955	
Point B	— 0 55 39	29 09 22	2.093	102.553	1.019.136	
Mont Kanika	— 0 39 23	29 14 48	1.905	72.574	1.029.215	(Nom douteux).
Id. boisé (Itonga)	— 1 14 03	29 12 59	2.405	136.465	1.025.845	

POINTS	LATITUDES	LONGITUDES	ALTITUDES	Y	X	OBSERVATIONS
	° ' "	° ' "	mètres	mètres	mètres	
Crête Kondjo	— 0 26 56	29 19 38	2.373	49 631	1.038.181	
Sabinio (O.) (volc.)	— 1 23 22	29 35 21	3.647	153.631	1.067.322	Dent Ouest, point culminant.
Id. (E.)	— 1 23 18	29 35 25	3.633	153.499	1.067.452	Id. Est.
Volcan Mikeno	— 1 27 48	29 35 07	4.437	161 809	1.048.353	Point culminant.
Id. Muhavura	— 1 23 00	29 40 33	4.127	152.961	1.076.984	Id.
Id. Mgahinga (E.)	— 1 23 08	29 38 39	3.473	153.207	1.073.460	Id. Est.
Id. Id. (O.)	— 1 23 13	29 38 32	3.474	153.361	1.073.243	Id. Ouest.
Nyakabingu.	— 1 09 27	29 34 43	1.767	127.986	1.066.163	Ancien poste (mât de pavillon).
Mont Rugnonia	— 1 20 22	29 30 36	2.404	148.107	1.058.526	
Arbre d'Isonga (E.)	— 1 12 11	29 31 38	1.959	133.024	1.060.443	
Id. id. (O.)	— 1 11 56	29 31 31	1.978	132.563	1.060.226	
Id. de Kirambo	— 1 11 28	29 34 20	1.947	131.703	1.065.452	
Rutshuru (mât de pavillon)	— 1 10 59	29 26 52	1.277	130.813	1.051.599	Poste belge. Borne en maçonnerie.
Mont Kiduha	— 1 15 31	29 41 24	2.096	139.168	1.078.563	Vis en cuivre et borne en pierre.
Id. Munagana	— 1 18 13	29 35 55	2.095	144.145	1.068.389	Borne frontière au signal.
Id. Ruhalema	— 1 16 05	29 30 37	1.929	140.212	1.058.557	
Id. Giskio	— 1 13 31	29 36 08	2.082	135.482	1.068.791	Borne frontière près du signal.
Id. Kibimbi	— 1 10 25	29 37 30	2.081	129.768	1.071.346	
Id. Nyarugeyu (1)	— 1 07 44	29 35 54	1.960	124.822	1.068.358	
Id. id. (2)	— 1 07 59	29 36 03	1.984	125.283	1.068.636	
Grand arbre forêt	— 1 01 11	29 31 56	1 297	112.750	1.060.999	
Mont Nyabuishenie	— 1 05 30	29 38 08	2.226	120.706	1.072.501	
Signal K	— 0 58 39	29 37 47	1.865	108.082	1.071.852	
Mont Deko (N.)	— 1 02 46	29 35 09	1.888	115.668	1.066 967	Bouquet d'arbres remarquable.
Arbre de Mulemeri	— 1 07 29	29 34 10	1.719	124.362	1.065.142	
Petit arbre isolé	— 1 03 34	29 37 01	2.002	117.143	1 070.429	
Grand arbre	— 1 01 13	29 34 52	1.664	112.812	1.066.441	
Montagne près Ivu	— 1 59 58	29 34 15	1.633	110 508	1.065.297	
Haute crête boisée	— 0 01 43	29 39 02	2.303	113.733	1.074.170	
Mont Deko (S.) (Kikomo)	— 1 03 13	29 35 20	1.905	116.498	1.067.307	
Tshangue	— 1 05 24	29 32 31	1.447	120 522	1 062.081	
Musumba	— 0 58 44	29 31 23	1.191	108.235	1.059.979	
Mulembo	— 0 55 44	29 30 42	1.181	102.706	1.058.711	
Mont Salambo	— 0 57 55	29 35 30	1.913	106.730	1.067.616	
Id. Katagua	— 0 57 11	29 39 53	1.706	105.378	1.075.747	
Id. Nyakishenie	— 0 56 38	29 56 03	2 226	104.365	1.105.739	
Id. Kiganda	— 0 55 48	29 52 59	2.140	101.723	1.100.050	
Id. Karerema	— 0 58 11	29 50 58	2.322	107.224	1.096.318	
Vigalegale	— 0 36 13	29 36 36	970	66.739	1 069.657	
Katanda	— 0 30 45	29 37 32	919	56.665	1 071.388	Près village lacustre.

Mont Katerepungu	— 0 42 49	29 49 07	1.340	78.901	1.092.870	
Id. Kabira	— 0 37 01	30 04 19	1.745	68.213	1.121.074	
Id. Nkuna (arbre)	— 0 33 07	30 04 48	1.791	61.026	1.121.970	
Ruwenzori	+ 0 23 08	29 52 16	5.120	42.429	1.098.720	Pic Marguerite (point culminant).
Camp de Kirambi	— 0 39 11	30 01 44	1.673	72.206	1.116.281	
Mont Ruhankoba (N.) (Kitampungu)	— 0 24 05	30 02 00	1.665	44 379	1.116.776	Vis en cuivre et borne en pierre.
Mont Nyamtundani	— 0 50 02	29 51 15	1.815	92.201	1.096.834	
Nyamenzi	— 0 39 31	29 41 18	1.079	72.820	1.078 375	
Kamusasa	— 0 19 44	29 52 57	1.050	36.363	1.099.988	
Petite lagune Kissegne	— 0 19 29	29 51 34	916	35.903	1.097.421	Niveau du lac Edouard.
Mont Kiboko	— 0 06 40	29 51 44	1.007	12.285	1.097.731	
Id. Katanda	+ 0 01 35	29 49 19	1.545	2.918	1.093.247	
Kazinga	— 0 12 50	29 53 00	976	23.648	1.100.080	
Mont Ruisamba	+ 0 03 53	29 59 25	1.552	7.156	1.111.984	
Lac Tshikolongo	— 0 00 39	30 00 00	965	1.198	1.113.066	
Rusigati	— 0 07 01	29 55 19	1.069	12.930	1.104.378	
Katungulu	— 0 07 33	30 01 10	943	13.913	1.115.230	
Pointe N.-E. Ile canal	— 0 07 08	30 03 33		13.145	1.119.651	Canal de Kazinga.
Ile Tshinga	— 0 10 21	29 52 11	945	19.072	1.098.565	
Mont Kitshuami	— 0 08 59	29 49 29	948	16.554	1.093 556	
Point culm. Riv. O. Lac Edouard	— 0 08 08	29 25 25	3.114	14.988	1.048.910	
Camp de Kisinga	+ 0 03 27	29 53 52	1.142	6.357	1.101.688	Bouteille cimentée et borne en pierre.
Mont Msandama	+ 0 44 51	30 10 03	2.438	82.649	1.131.707	
Id. Nyangapi	+ 1 13 38	30 03 38	1.835	135.700	1.119.819	
Nyambaba	+ 1 05 41	29 57 48		121.037	1.108.988	
Baletima-Mpungu	+ 1 06 36	29 54 30		122.734	1.102.854	
Belynyama	+ 1 08 26	20 59 05	1.402	126.103	1.111.372	Près poste belge de Kuezi.
Botere	+ 1 08 41	30 00 18		126.583	1.113.619	
Kabukia	+ 1 08 15	29 59 56		125.784	1.112.955	
Inters. 30e M. et crête Congo-Nil	+ 1 08 20	30 00 00	1.340	125.922	1.113.069	
Kiagode (Anc. camp)	+ 1 04 54	29 55 07	1.313	119.585	1.104.016	Bouteille cimentée et borne en pierre.

Table III. — AZIMUTS ET VALEURS DES COTÉS DE LA TRIANGULATION PRINCIPALE

AZIMUT		Direct	Verse	Log. du côté
de	vers			
		° ′ ″	° ′ ″	
Terme N. Base d'Usumbura	Terme S. Base Usumbura	356 35 14,5	176 35 14,5	3,189.9690
Id. id.	Mont Ikungu	280 40 06,7	100 39 59,3	3,605.1798
Terme S. id.	Id. id.	258 18 36,1	78 18 28,6	3,596.4779
Id. id.	Id. Mbosa	305 54 16,0	125 54 02,9	3,918.0721
Id. id.	Id. Sandjuma	359 57 37,8	179 57 37,8	4,104.6980
Id. id.	Uvira (poste)	84 02 02,7	264 02 48,8	4,382.7501
Id. id.	Rubenga	98 47 02,2	278 47 43,9	4,345.8015
Id. id.	Mont Tshamata	148 34 22,4	328 34 59,7	4,592.8855
Id. id.	Id. Mtarishwa	168 02 34,1	348 02 47,3	4,544.2764
Mont Ikungu	Id. Mbosa	333 20 00,6	153 19 55,1	3,801.3620
Id. Mbosa	Id. Sandjuma	40 23 57,9	220 24 11,0	4,014.3031
Id. Sandjuna	Uvira	113 02 37,8	293 03 23,9	4,416.6652
Id. id.	Rubenga	126 19 02,5	306 19 44,3	4,434.6355
Uvira	Id.	199 35 50,5	19 35 46,5	3,796.3696
Rubenga	Mont Tshamata	182 51 12,3	2 51 09,6	4,478.1297
Id.	Id. Mtarishwa	205 24 32,3	25 24 05,7	4,533.6958
Mont Tshamata	Id Suria	150 40 07,6	330 40 35,4	4,532.6486
Id. id.	Id. Kibuburu	182 13 29,7	2 13 27,7	4,477.2522
Id. id.	Id. Mtarishwa	266 22 00,4	86 21 37,6	4,120.3317
Id. Mtarishwa	Id. Suria	134 02 13,9	314 03 03,5	4,618.5648
Id. id.	Id. Kibuburu	157 37 01,6	337 37 21,6	4,498.6425
Id. Suria	Id. Murga	151 31 48,2	331 32 00,7	4,230.5801
Id. id.	Id. Lemera	199 44 43,5	19 44 34,3	4,243.6544
Id. id.	Id. Kibuburu	269 09 26,0	89 08 58,0	4,252.0523
Kibuburu	Murga	119 28 47,8	299 29 27,8	4,474.7537
Id.	Lemera	143 38 37,7	323 38 56,1	4,304.3360
Murga	Rumbu	139 33 23,8	319 33 40,8	4,249 2031
Id.	Shatu	175 30 36,0	355 30 37,8	4,178.3589
Id.	Tshamudongo	191 53 23,5	11 53 19,5	4,109.4569
Id.	Lemera	263 42 46,0	83 42 24,8	4,149.5792
Lemera	Tshamudongo	134 08 53,2	314 09 10,0	4,200.1734
Rumbu	Makangala	172 41 03,8	352 41 06,0	4,071.7069
Id.	Gatshutshu	240 17 08,2	60 16 52,5	4,101.9330
Id.	Shatu	261 37 05,0	81 36 50,2	4,018.9579
Id.	Tshamudongo	273 42 49,2	93 42 28,8	4 152.1549
Tshamudongo	Shatu	122 30 43,2	302 30 18,8	3,657.3606
Shatu	Makangala	130 41 00,7	310 41 17,4	4,193.3884
Id.	Gatshutshu	187 46 15,0	7 46 14,1	3,680.2770
Makangala	Nyabungue	193 19 27,3	13 19 22,6	4,186.0603
Id	Gangamanda	244 06 04,1	64 05 33,6	4,397.9161
Id.	Gatshutshu	293 30 39,9	113 30 22,4	4,134.0044
Gatshutshu	Nyabungue	156 16 41,8	336 16 54,0	4,347.2350
Id.	Gangamanda	211 27 81,2	31 27 07,5	4,282.5731
Nyambungue	Katshosho	191 46 46,4	11 46 42,1	4,219.0157
Id.	Kumbene	228 00 02,6	47 59 44,5	4,283.7215
Id.	Gangamanda	281 57 50,0	101 57 25,0	4,287.1721
Gangamanda	Katshosho	142 24 07,5	322 24 27,4	4,406.9568
Id.	Kumbene	164 31 39,4	344 31 45,4	4,243.2690
Katshosho	Mtembera-Nzogera	207 59 49,3	27 59 41,3	4,155.7651
Id.	Moganza	225 25 39,4	45 25 16,1	4,445.1030
Id.	Kumbene	287 04 48,0	107 04 34,6	4,057.0924

AZIMUT		Direct	Verse	Log. du côté
de	vers			
		° ′ ″	° ′ ″	
Kumbene	Mtembera-Nzogera	165 20 09,3	345 20 14,4	4,218.1875
Id.	Moganza	201 20 16,5	21 20 05,9	4,390.8309
Mtembera-Nzogera	Mobimbi (p. N.)	195 31 30,5	15 31 20,0	4,563.9924
Id.	Goma	215 52 53,7	35 52 22,6	4,703.1773
Id.	Moganza	242 12 58,8	62 12 42,8	4,171.5542
Moganza	Mobimbi	173 18 55,1	353 18 58.6	4,456.0745
Id.	Goma	205 50 06,0	25 49 49,0	4,577.0513
Mobimbi	Bolingo	218 46 29,3	38 46 22,3	4,178.7581
Id.	Bushwaga	243 47 54,7	63 47 32,2	4,422.4792
Id.	Goma	254 11 33,9	74 11 14,8	4,313.0324
Id.	Kama	263 21 15,6	83 20 49,4	4,434.0609
Goma	Bolingo	120 49 34,9	300 49 44,6	4,080.2998
Id.	Bushwaga	213 01 52,1	33 01 48,4	3,860.3169
Id.	Kama	288 49 40,5	108 49 33,6	3,880.7760
Id.	Rubavu	253 34 28,1	73 34 23,4	3.717.8325
Bolingo	Bushwaga	270 20 50,6	90 20 37,5	4,154.8268
Id.	Kama	296 11 03,4	116 10 46,9	4.290.8947
Kama	Bushwaga	159 11 41,2	339 11 44,3	3,960.2497
Id.	Ruagare	211 22 22,7	31 22 15,6	4,161.6435
Id.	Rushashu	236 12 18,0	56 12 09,3	4,039 0303
Bushwaga	Gissi	201 37 05,6	21 37 00,9	4,157.4036
Id.	Ruagare	250 20 10,4	70 20 00,5	4,059.3134
Id.	Rubavu	317 03 38,2	167 03 37.2	3,674.0751
Id.	Rushashu	281 13 39,6	101 13 28,2	4,099.8200
Ruagare	Gissi	149 55 22,9	329 55 27,7	4,040.5245
Id.	Ingo	213 46 05,8	33 46 01,4	3,948.5128
Id.	Karisimbi	227 39 46,7	47 39 35,6	4,147.6504
Id.	Rubare	271 57 08,3	91 56 57,3	4,087.0682
Id.	Rushashu	166 13 30,3	346 13 31,6	3,812.6761
Rushashu	Rubare	241 04 39,3	61 04 29,5	4,085.8556
Karisimbi	Kitega	270 41 35.4	90 41 12,2	4,366.6651
Id.	Rubare	349 30 51,9	169 30 50,6	4,001.9930
Rubare	Muhavura	225 56 08,9	45 55 48,8	4,522.5225
Id.	Kitega	249 28 26,7	69 28 04.4	4,435.0481
Muhavura	Kahira	270 13 45,7	90 13 29,0	4,329.4488
Id.	Nyangaga	278 51 21,8	98 51 04,6	4,342.2146
Id.	Kitega	353 25 16,3	173 25 15,0	4,136.8944
Kitega	Kahira	235 37 48,1	55 37 31,9	4 379.6016
Id.	Nyangaga	243 05 29.5	63 05 12,9	4.354.1926
Kahira	36.	256 11 15,9	76 11 05,4	4.143.4346
Id.	Nyangaga	353 30 53,0	173 30 52,7	3,521.2803
Nyangaga	37.	239 08 44,4	59 08 34,6	4,161.5892
Id.	36.	243 14 54,1	63 14 43,5	4,167.6280
36.	37.	140 12 33,5	320 12 33,5	3,027.4855
Gissi	Kanamaharagi	176 53 20.3	356 53 20.8	4,039.9436
Id.	Gugo	222 36 51,7	42 36 43,9	4 149.1776
Id.	Ingo	281 27 42,7	101 27 33,7	4,027.3943
Ingo	Kanamaharagi	139 48 46,9	319 48 56,0	4,232.9910
Kanamaharagi	Musego	230 19 19,3	50 19 12.2	4,074.2766
Id.	Gugo	273 13 35,0	93 13 26,9	4,006.7555
Gugo	Musego	172 56 25,4	352 56 26,2	3,914.3126
Id.	Mbuzi	218 06 50,3	38 06 42,8	4,201.2318
Musego	Niongera	196 51 29,1	16 51 24,7	4,326.8533
Id.	Mbuzi	248 03 38,5	68 03 30,4	4,066.8416
Mbuzi	Niongera	163 42 14,5	343 42 17,8	4,220.7049

AZIMUT de	vers	DIRECT	VERSE	LOG. DU CÔTE
		° ′ ″	° ′ ″	
Mbuzi	Lutezo	206 53 54,1	26 53 48,9	4,245.4210
Niongera	Buito	161 29 38,9	341 29 44,9	4,516.0775
Id.	Kuenda	169 26 57,7	349 27 03,7	4,100.6480
Id.	Ngabua (2)	210 19 01,2	30 18 53,7	4,507.8564
Id.	Lutezo	276 10 56,7	96 10 48.8	4,085.0922
Lutezo	Kwenda	133 34 31,1	313 34 44,7	4,298.4326
Id.	Buito	145 13 53,2	325 14 05,5	4,596.3152
Id.	Ngabua (2)	188 08 04,9	8 08 02,5	4,468.3647
Buito	Kamorora	235 28 45,2	55 28 31,7	4,573.6138
Id.	Kashoni	268 20 57,5	88 20 31,9	4.578 8044
Id.	Ngabua (1)	276 25 07,3	96 24 53.7	4,435.0189
Id.	Ngabua (2)	277 06 15,7	97 06 02,3	4,429.3814
Id.	Kuenda	336 35 23,4	156 35 19,1	4,309.7187
Ngabua (2)	Kamorora	189 41 37,2	29 41 35,3	4,396.3904
Id.	Kuenda	50 19 02.1	230 19 12,3	4,382.3840
Id.	Kashoni	248 31 29,0	68 31 23,4	4,081.5329
Ngabua (1)	Kamorora	188 55 04,0	8 54 57,4	4,390.4311
Id.	Kashoni	249 07 05,9	69 07 00.5	4,064.5692
Kashoni	Kamorora	160 44 50,9	340 44 53,9	4,329.0110
Id.	Pangango	214 56 40,5	34 56 36,3	4,206.3542
Id.	Zoroma	253 54 43,8	73 54 37.8	4,114.8065
Kamorora	Kafungu	192 02 53,3	12 02 51.2	4,182.7149
Id.	Kabuambara	245 43 21,4	65 43 14,3	4,336 4345
Id.	Pangango	293 10 40,5	113 10 34,0	4,247.2722
Zoroma	Id.	160 57 28.5	340 57 29,9	4,005.4989
Id.	Ruhankoba	218 55 26,9	38 55 23,6	4,066.9245
Pangango	Kabuambara	192 32 58,2	12 32 56,9	4,211.2652
Id.	Kati	236 14 43,3	56 14 36,6	4,367.3274
Id.	Ruhankoba	272 40 40,2	92 40 35,7	4,027.1661
Id.	Nyakagezi (Shambo)	330 04 10,8	150 04 11,8	4,028.0274
Id.	Katerepungu	239 31 25.0	59 31 23,0	3,819.7266
Id.	4.	142 54 30,0	322 54 33,0	3,854.7821
Id.	3.	172 22 34,0	352 22 35	3,844.0377
Nyakagezi (Shambo)	Ruhankoba	211 16 09,1	31 16 06,8	4,010.0157
Id.	Kasese	297 37 45,6	117 37 40,7	4.060.0732
Id.	Katerepungu	181 40 33,5	1 40 31,2	4.100.3109
Ruhankoba	Kabuambara	156 33 26,9	336 33 28,8	4,254.5778
Id.	Kati	213 01 13,7	33 01 10,3	4,205.0188
Id.	Izumu	240 35 37,9	60 35 30,7	4,362.6565
Id.	Itembe	290 00 34,8	110 00 28,2	4,174.9628
Id.	Kasese	340 56 17,4	160 56 15,2	4,172.8532
Id.	Katerepungu	127 53 07,7	307 53 07,7	3,796.8604
Katerepungu	3.	118 03 57	298 04 00,0	3.874.5721
4.	1.	201 31 58	21 38 58	3,492.3054
4.	3.	251 05 10	71 05 09	3,555.4749
3.	1.	127 24 44	307 24 45	3,453.4635
3.	2.	86 22 01	266 22 02	3,463.4805
1.	2.	18 39 16	198 39 16	3,304 5200
Kasese	Itembe	225 21 00,9	45 20 55,3	4,106.8547
Id.	Kasomora	261 02 12,5	81 02 02,9	4,247.9929
Id.	Ihunga	311 08 45,3	131 08 37.3	4,301.1883
Itembe	Kati	164 15 06,6	344 15 07,2	4,284 4300
Id.	Izumu	200 27 24,5	28 27 22,0	4,243.1692
Id.	Kasomora	306 36 31,5	126 36 28,2	4,018.9836
Id.	Ihunga	344 55 18,5	164 55 15,5	4,360.6357

AZIMUT		Direct	Verse	Log. du côté
de	vers			
		° ′ ″	° ′ ″	
Ihunga	Kasomora	188 38 03,9	08 38 02,6	4,206.9556
Kafungu	Musambagana	223 49 15,6	43 49 09.5	4,562 6283
Id.	Kabuambara	289 47 24,0	109 47 18,6	4,246.5673
Kabuambara	Musambagana	195 02 44,9	15 02 43,1	4,524.7546
Id.	Sanga	248 41 24,2	68 41 17,0	4,386.2947
Id.	Kati	280 29 09,6	100 29 04,1	4,206.9950
Kati	Sanga	210 08 21,2	30 08 19,0	4,134.0842
Id.	Izumu	280 36 58,9	100 36 56,3	4,062.2156
Izumu	Sanga	162 02 31,0	342 02 32,5	4,164 7675
Sañga	Musambagana	149 13 36,4	329 13 39,7	4,436.6960
Id.	Kisunzu	195 53 17,6	15 53 15,0	4,400.6030
Musambagana	Nyamagoma	134 52 01,2	314 52 03.9	4,525.9095
Id.	Mubabanga	193 16 17,6	13 16 16,9	4,498.6606
Id.	Kisunzu	268 03 29,7	88 03 26,1	4,319.7943
Kisunzu	Mubahanga	155 32 30,6	335 32 31,9	4,517.6012
Id.	Kasazu	195 06 22,5	15 06 21.8	4,683.2642
Nyamagoma	Kitare	227 55 17,9	47 55 17,8	4.393.9113
Id.	Mubahanga	257 16 52,2	77 16 51,1	4,502.5356
Mubahanga	Kitare	127 11 52,0	307 11 52,0	4,200 6375
Id.	Mahango	194 33 30,5	14 33 30,7	4,314.9496
Id.	Kasazu	237 40 19,5	57 40 20,2	4,491.4742
Kitare	Mahango	239 46 09,4	59 46 10,5	4,314.7357
Mahango	Nkende	229 04 59,4	49 05 00,8	4,212 0282
Id.	Kasazu	279 12 31,5	99 12 32,7	4,328.0743
Kasazu	Nkende	148 17 29,6	328 17 28.5	4,218.7568
Id.	Tshabundara	226 04 51,4	46 04 53,1	4 344.0684
Nkende	Kasangare	178 09 23,1	358 09 23,0	4,366 5650
Id.	Tshatua	211 13 02,6	31 13 05,9	4,401.9397
Id.	Tshabundara	267 06 54,4	87 06 58,0	4.391.5740
Tshabundara	Kasangare	130 57 28,1	310 57 23,8	4,525.9668
Id.	Tshatua	150 27 21,6	330 27 19,3	4,368.8047
Kosangare	Karangora	189 17 01,5	9 17 02,4	4,298.7722
Id.	Djura	222 45 21,4	42 45 28,3	4,501.7546
Id.	Tshatua	276 52 38.3	96 52 43,3	4,143.8089
Tshatua	Karangora	153 30 49,4	333 30 46,1	4,376.6049
Id.	Djura	197 11 40.8	17 11 43.2	4,417.4565
Karangora	Kiamata	146 30 48,3	326 30 36,5	4,650.5770
Id.	Mhale	181 14 25,9	1 14 26,4	4,682.4734
Id.	Kasoge	230 17 06.5	50 17 12,1	4,271.6594
Id.	Djura	258 39 54,1	78 40 00.9	4.272.0760
Djura	Kasoge	154 22 06,0	334 22 04,4	3,962.3074
Kasoge	Mhale	159 46 04,7	339 45 57.9	4,586.1487
Kiamata	Ami	206 11 12,2	26 11 23,6	4,607.1285
Id.	Sura	234 32 57,7	54 33 17,8	4,593.9522
Id.	Mhale	247 10 40,7	67 10 54,9	4,445.6646
Mhale	Sura	207 39 56,5	27 40 00.4	4.130.0008
Sura	Ami	133 48 32,9	313 48 22,0	4,291.5493

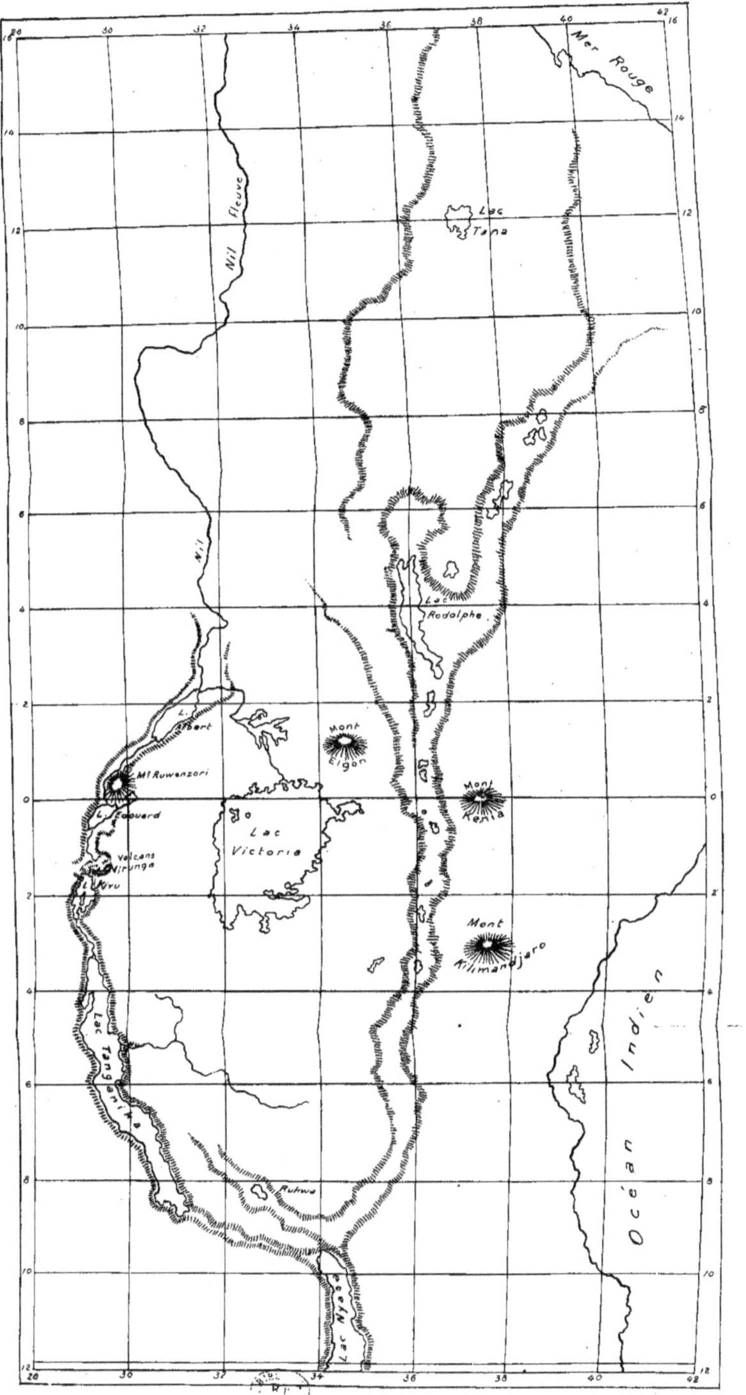

Carte schématique de la Région des Grands Lacs africains.

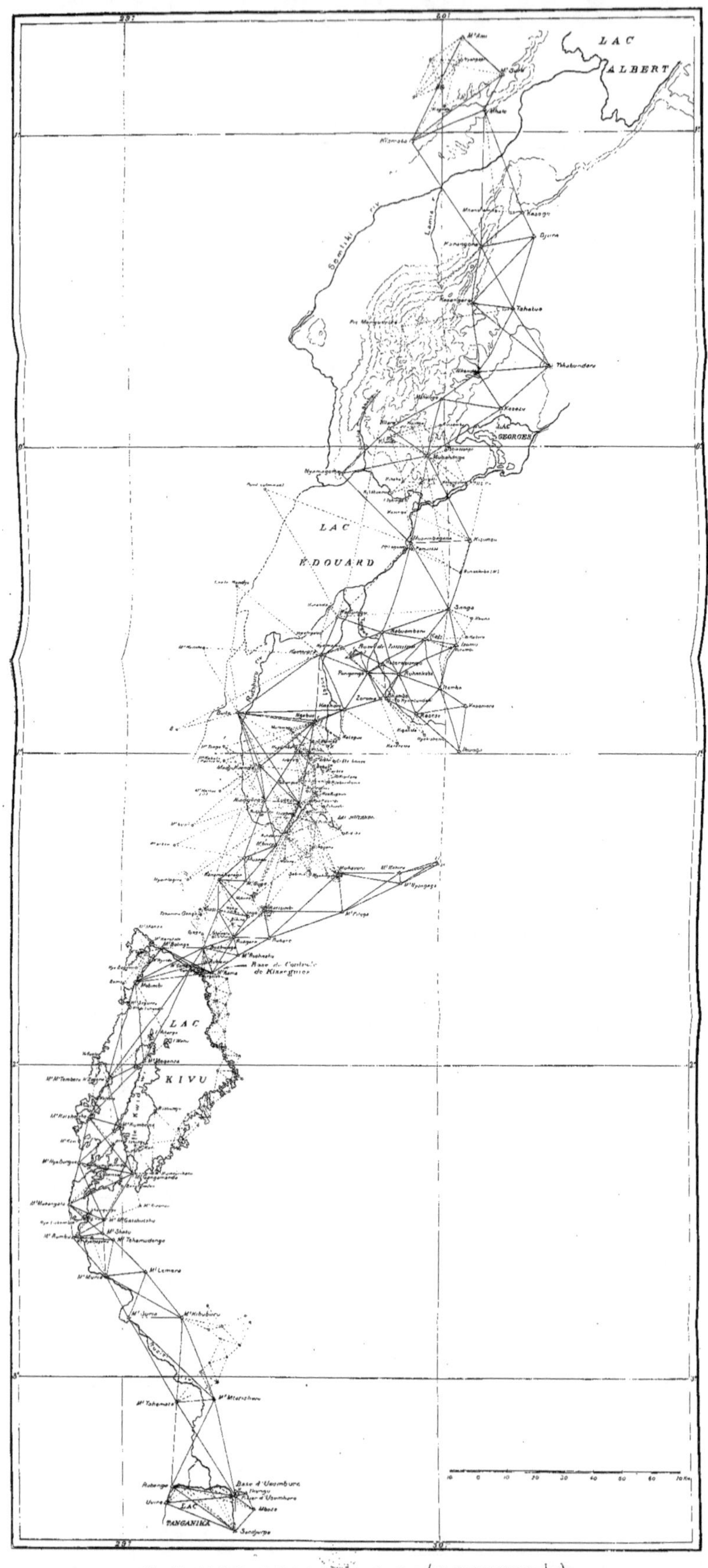

LAC
ALBERT
Semliki
LAC
GEORGES
LAC
ÉDOUARD
LAC
KIVU
LAC
TANGANIKA
Base d'Usumbura
Sandjurpe
Uvira
Rubenge
29°
30°
1°
0°
2°
3°

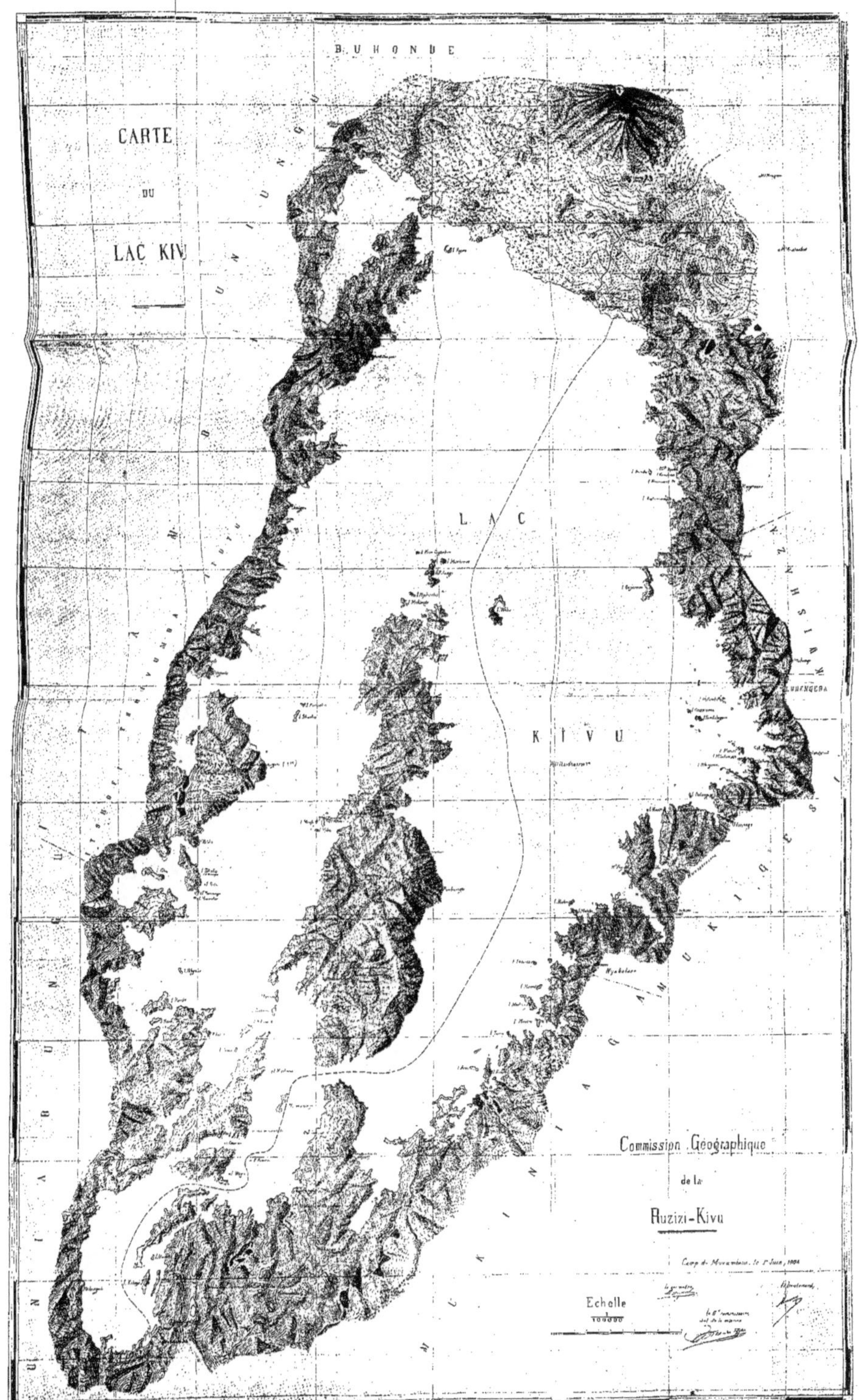
CARTE
DU
LAC KIVU
BUHONDE
LAC
KIVU
Commission Géographique
de la
Ruzizi-Kivu
Echelle
$\frac{1}{100000}$

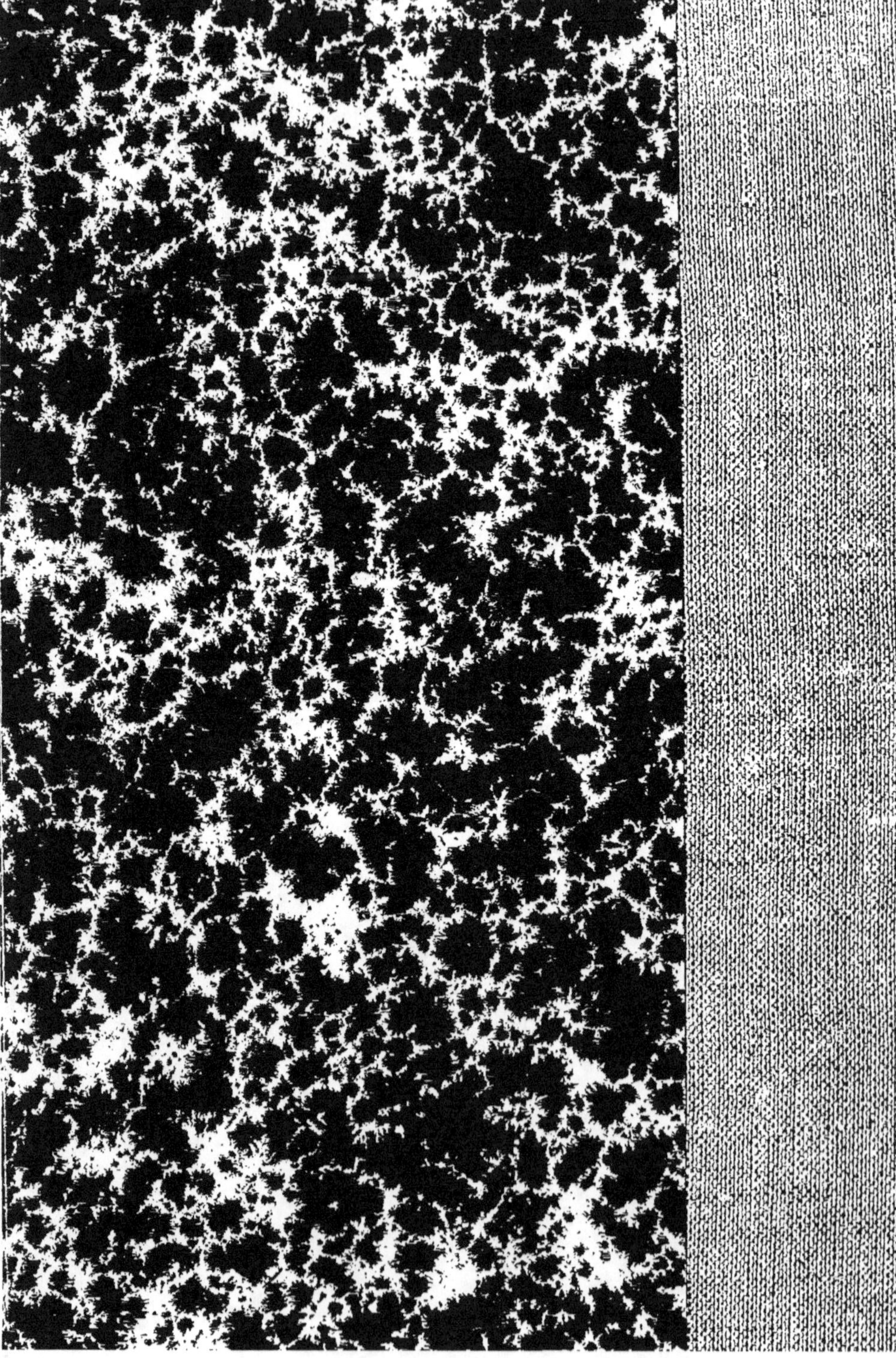

www.ingramcontent.com/pod-product-compliance
Lightning Source LLC
LaVergne TN
LVHW020410230826
846091LV00004B/1227

9782011755438